AF313610

HOMELIE XLIII.

POUR

LE VENDREDY DE LA IV. SEMAINE DE CARESME,

SUR

LA RESURRECTION DU LAZARE.

Par Monsieur le Curé de Saint Sulpice de Paris.

A PARIS,

Chez RAYMOND MAZIERES, ruë Saint Jacques,
prés la ruë de la Parcheminerie, à la Providence.

———————————

M. DCCXIII.

Avec Approbation, & Privilege du Roy.

TEXTE

DU

SAINT EVANGILE

SELON SAINT JEAN.

EN ce temps-là, il y avoit un certain mala-de appellé Lazare de Bethanie, où Marie & Marthe sa sœur avoient une maison : or cette Marie étoit celle qui oignit Jesus-Christ & qui essuya de ses cheveux les pieds de ce divin Sauveur, & de laquelle Lazare malade étoit frere. Ses sœurs donc envoyerent à Jesus-Christ luy dire, Seigneur, voilà que celuy que vous aimez est malade. Jesus entendant cela, leur dit, cette infirmité ne va pas à la mort, mais pour la gloire de Dieu, afin que le Fils de Dieu en soit glorifié : or Jesus aimoit Marthe & Marie sa sœur, & Lazare. Comme donc il eut entendu que Lazare étoit malade, il demeura deux jours au lieu où il étoit, & enſuite aprés cela il dit à ſes diſciples, allons derechef en Judée, ſes diſciples luy dirent, Maître il y a ſi peu que les Juifs cherchoient à vous lapider, & vous allez encore là. Jeſus répondit, eſt-ce qu'il n'y a pas douze heures au jour, ſi quelqu'un marche le jour, il ne bronche point, parce qu'il voit la lumiere de ce monde, mais s'il marche la nuit, il bronche, parce qu'il n'a point de lumiere en luy. Il dit cela, & peu aprés il ajoûta, Lazare nôtre amy dort, mais je m'en vas afin de le reveiller de ſon ſommeil. Ses diſciples luy repartirent, Seigneur, s'il dort, il ſera guery. Jeſus avoit entendu parler de ſa mort, & eux s'imaginerent qu'il parloit du ſommeil naturel. Pour lors donc Jeſus leur dit ouvertement, Lazare eſt mort, & je me rejoüis à cauſe de vous, de ce que je n'étois pas là, afin que vous croyez; mais allons à luy. Sur quoy Thomas appellé Dydime, dit aux autres diſciples, allons auſſi nous autres, afin de mourir avec luy.

Jeſus vint donc, & trouva que depuis quatre jours Lazare étoit dans le Tombeau; or Bethanie n'étant éloigné de Jeruſalem que d'environ quinze ſtades, pluſieurs Juifs étoient venus vifiter Marthe & Marie, afin de les confoler fur la mort de leur frere. Marthe ayant donc apris que Jefus arrivoit, alla à fa rencontre, Marie demeurant affife à la maifon. Marthe dit à Jefus-Chrift, Seigneur, fi vous euffiez été icy, mon frere ne feroit pas mort ; mais je fçai que prefentement même Dieu vous accordera tout ce que vous luy demanderez : Jefus luy repliqua, vôtre frere reflufcitera ; Marthe luy dit, je fçay bien qu'il reflufcitera en la refurrection qui fe fera le dernier jour : Jefus luy repartit je fuis la refurrection, & la vie, celuy qui croit en moy, quand même il feroit mort, vivra ; & quiconque vit, & croit en moy, quand même il feroit mort, vivra, & quiconque vit & croit en moy ne mourra jamais ; ne le croyez vous pas ? Elle lui répondit, fans doute Seigneur, je crois que vous êtes le Chrift le Fils de Dieu vivant qui eft venu en ce monde :

Ayant dit cela, elle s'en alla, & appella fecretement Marie fa fœur, lui difant, le Maître eft là, & il vous demande ; celle-cy l'ayant oüi, fe leva fur le champ, & s'en vint à Jefus, car Jefus n'étoit pas encore entré dans le chafteau, mais il étoit encore dans le même lieu où Marthe l'étoit allé trouver. Les Juifs donc qui étoient dans la maifon avec Marie, & la con-

foloient , ayant vû qu'elle s'étoit levée fi
promptement,&étoit fortie de la maifon,la fui-
virent, difant, elle s'en va au fepulchre pour y
pleurer.

Marie étant donc venuë où étoit Jefus , &
le voyant, tomba à fes pieds, & luy dit, Seigneur, fi vous aviez été icy, mon frere ne feroit
pas mort : Jefus la voyant pleurer, & les Juifs
qui étoient venus avec elle pleurans auffi, fre-
mit en fon efprit, & fe troubla luy-même, &
leur dit,où l'avez-vous mis ? ils luy dirent, Seigneur, venez & voyez; & Jefus pleura.Les Juifs
dirent entr'eux , voyez combien il l'aimoit :
quelques-uns d'entr'eux dirent, celuy-cy qui a
ouvert les yeux d'un aveugle ne pouvoit il pas
faire que Lazare ne mourût pas ? Jefus donc
fremiflant de nouveau en lui-même vint au monument (c'étoit une grotte ou caveau , & on
avoit mis une pierre par deffus.) Jefus leur ayant
dit, ôtez cette pierre, Marthe qui étoit la fœur
du mort, lui dit, Seigneur, il fent déja mauvais, car il y a quatre jours qu'il eft là. Jefus lui
répondit, ne vous ay-je pas dit , qne fi vous
croyez,vous verrez la gloire de Dieu ? Ils ofterent
donc cette pierre, & Jefus levant les yeux en
haut, dit ces paroles : Mon Pere je vous rends
graces de ce que vous m'avez exaucé , pour moy

je ſçavois bien que vous m'exaucez toûjours;
mais je dis cecy pour ce peuple qui m'environne,
afin qu'il croye que c'eſt vous qui m'avez en-
voyé : ayant dit ces mots, il cria à haute voix :
Lazare, venez dehors, & auſſi-toſt, le mort ſor-
tit, ayant les pieds & les mains liées de bandes,
& ſon viſage auſſi lié par un ſuaire : Jeſus leur
dit, déliez-le, & le laiſſez aller ; pluſieurs donc
d'entre les Juifs qui étoient venus voir Marie &
Marthe, & qui virent ce que Jeſus avoit fait,
crurent en luy.

Joannis ΙΙ. 1.

Prodiit qui fuerat mortuus ligatus pedes et manus jnstitis
et facies illius Sudario erat ligata. *Joan. c. 11. v. 44.*

Scotin Sculp.

HOMELIE
SUR
LA RESURRECTION
DU LAZARE.

E Seigneur voyant que la croyance de sa Divinité qu'il exigeoit des Juifs, & qu'il leur prêchoit, révoltoit leur esprit orgueilleux, jusqu'à vouloir le lapider comme un blasphemateur, *de bono opere non lapidamus te, sed de blasphemia, & quia tu homo cùm sis, facis te ipsum Deum*; Et d'ailleurs ayant compassion de l'esprit humain toûjours foible & rampant, voulut leur prouver cette importante verité, d'où dépendoit leur salut, & celuy du monde, par un coup de sa toute-puissance, qui les rendroit inexcusables, s'ils ne cessoient d'estre incrédules, qui seroit tout à la fois & une démóstration éclatante de sa divinité, par le La-

B

zare, qu'il reſſuſcita, & une preuve amoureuſe de ſon humanité par les larmes qu'il verſa, & une figure myſterieuſe du cours de ſon Evangile qu'il traça : car d'un côté, ſelon pluſieurs Peres, le départ du Sauveur ſe retirant de la Judée, & ſa retraite au de-là du Jourdain, *& abiit transjordanem, & manſit illic*, ſignifioit l'abandon qu'il feroit des Juifs, & ſon ſejour chez les Gentils auſquels il tranſporteroit les lumieres de la Foy.

2°. Le Lazare d'abord languiſſant, puis mort, & enfin inhumé ſous une tombe de pierre, repreſente le Juif d'abord indolent & indécis ſur la réception de l'Évangile, puis incrédule, & enfin obſtiné, endurci, & couvert du voile noir de ſon aveuglement, ſous lequel il gémit depuis tant de ſiécles.

3°. Le retour de Jeſus-Chriſt en Judée avec ſes diſciples eſt une image du retour de ce peuple à la foy lors de la fin du monde, *eamus in Judæam iterum*; ce qui faiſoit dire à ſaint Thomas, s'adreſſant à Jeſus-Chriſt, Seigneur on a voulu vous lapider en Judée, & vous y retournez encore, *nunc quærebant te Judæi lapidare, & iterum vadis illuc.*

4°. Les Diſciples prêts à donner leur vie pour le Sauveur, ſont les derniers Prédicateurs de l'Evangile, qui ſeront à la fin des temps envoyez de Dieu pour la converſion des Juifs, *dixit ergo Thomas ad condiſcipulos, eamus & nos ut moriamur.*

5°. Les ſœurs du Lazare qui pleurent leur frere mort, ſont les Juifs fidelles qui gémiſſent de la perte des autres Juifs leurs freres, morts à la vie de la grace.

6°. Les larmes de Jeſus-Chriſt ſur le Lazare, & ſur

Jerufalem, font comme la confommation des lamen-
tations, & des gémiffements des Prophetes fur la ré-
probation des Juifs, fur la deftruction de leur Temple,
de leur Ville, & de leur Synagogue, & du peuple
Juif fi fouvent prédite.

7°. Le Lazare qui reffufcite eft le Juif jufqu'alors en-
feveli dans les tenebres de l'infidelité, qui fortant de
l'obfcurité du Tombeau, ouvrira les yeux aux lumieres de la foy : ce qui ne fera pas un moindre miracle
que celuy du retour d'un mort à la vie : *quæ affumptio nifi*
vitæ ex mortuis, felon l'Apôtre faint Paul.

8°. Les Juifs prefens à la réfurrection miraculeufe
du Lazare, & qui croyent à Jefus-Chrift, font ceux
qui fe convertiront à la fin du monde.

9°. Le repas qui fe fit en Bethanie chez Marthe &
Marie, où fe trouva Jefus-Chrift avec le Lazare reffufcité, & plufieurs Juifs convertis & affis à la même table,
eléve nôtre efprit à la confideration de ce feftin fi cé-
lébre dans les Prophetes, qui fe fera à la fin du monde lors du retour de la nation Juive à Jefus-Chrift.
Qu'il eft agreable & confolant, dit faint Gregoire,
de confiderer des yeux de la foy ce dernier feftin que
fera l'Eglife au retour du peuple Juif converti à J. C.,
aperire libet oculos fidei, & illud extremum fanctæ Ecclefiæ
de fufceptione Ifraelitici populi convivium contemplare, &c.

D'AUTRE part les faints Peres confiderant cet
admirable Evangile par raport aux mœurs, ont enfei-
gné.

1°. Que nôtre Seigneur a reffufcité trois morts, la
Fille du Prince de la Synagogue, qui ne venoit que

d'expirer le Fils de la Veuve de Naïm qu'on portoit en terre, le Lazare décedé depuis quatre jours; figures des trois états du pecheur, dont parle le Pfalmifte.

Le premier quand on commet l'acte du peché, le fecond quand on s'y affectióne, le troifiéme quand on s'y habituë, *abiit actu, ftetit affectu, fedit habitu.* Mais les Saints s'arrétant principalement au peché d'habitude difent que ce Suaire mis fur les yeux & la tête du Lazare fait voir l'aveuglement & la folie du pecheur, qui ne comprend ny la maladie mortelle qu'il contracte, ny la gloire promife qu'il perd, ny les peines de l'enfer qu'il encourt; les fœurs qui pleurent font les ames zelées & contriftées de fon aveuglement, ce Cadavre gifant, immobile, & glacé dans cet obfcur tombeau, eft l'image d'un pecheur privé de la vie de la grace, toûjours lumineufe, toûjours ardente, toûjours agiffante. Il eft fourd, fermant l'oreille aux avertiffemens, aux menaces, aux promeffes; il a des mains, mais elles font liées pour les bonnes œuvres; il a des pieds, mais ce n'eft pas pour marcher dans les voyes de la juftice, ni pour retourner dans la maifon paternelle, ainfi que l'enfant prodigue; *Il fent mauvais*, fa vie corrompuë devient publique & fcandaleufe; il infecte le prochain, il ofe dogmatifer contre la Religion, & la vertu, *in cathedra peftilentiæ fedet.* La pierre qui couvre le tombeau, n'eft autre que le poids de l'habitude inveterée du peché, qui l'endurcit & qui l'accable.

Pour fortir d'un état fi déplorable, & faire voir la difficulté d'une telle converfion, les Saints obfervent que nôtre Seigneur *fe troubla, qu'il pleura, qu'il frémit,*

montrant par là que la conscience du pecheur dans sa
converfion doit être effrayée par le remords des crimes qu'il a commis, que fes yeux doivent répandre
des torrents de larmes, qu'il doit trembler dans la
crainte des jugemens de Dieu. Le Sauveur comman-
de *qu'on ôte la pierre*, voulant que fes miniftres par leurs
foins, & leurs exhortations travaillent & cooperent
à la réfurrection fpirituelle des ames ; *Il léve les yeux* &
prie fon Pere. Détournons, ajoûtent les mêmes Saints
fe mettant en la perfonne des pecheurs, détournons
nôtre vûë des chofes terreftres, qui ne font que des
amas de pouffiere, pour contempler les biens éternels
& celeftes ; *Il crie à haute voix* : Lazare, venez dehors.
Sortons hors de nous-mêmes, confeffons nos crimes,
écoutons la voix éclatante de celuy qui nous rapelle à
la vie auparavant qu'il nous apelle à fon jugement ; il
ordonne qu'on délie Lazare , rompons le lien des
mauvaifes habitudes qui nous garotent, rejettons ce
fuaire de mort qui nous environne, mettons-nous entre les mains d'un homme Apoftolique qui nous déli-
vre de nôtre efclavage, qui nous enfeigne à pratiquer
les bonnes œuvres, à marcher dans les voyes de Dieu,
& qui nous faffe joüir de la liberté des Enfans de Dieu,
folvite eum & finite abire. Etat déplorable encore une
fois d'un pecheur d'habitude, digne d'être figuré par
un mort de quatre jours, par une fepulture creufée
dans un caveau profond, *erat autem fpelunca*, & dont
on ne peut revenir que par un miracle auffi grand que
le fut la réfurrection de Lazare, s'écrie faint Auguftin.
*Magnus reus eft , quem mortis quatriduum, & illa fignificat
fepultura.* B iij

14 Meditons à prefent le facré texte de nôtre Evangile.

PREMIERE CONSIDERATION.

La plus grande merveille du Fils de Dieu fur la terre, n'eft pas d'avoir reffufcité un homme, dit faint Auguftin, mais de s'être fait un homme ; n'eft pas d'avoir délivré un homme de la mort, mais de s'être livré pour l'homme à la mort, *plus eft enim quod factus eft propter homines quàm quod fecit inter homines* ; n'eft pas d'avoir rappellé de la mort corporelle le frere de Madeleine, mais d'avoir rendu la vie fpirituelle à la fœur de Lazare, *melius quippe fufcitata eft quàm frater ejus* ; n'eft pas enfin d'avoir aimé l'homme défiguré par le peché, mais d'avoir aimé un homme figurant le pecheur, *quomodo per Lazarum peccator figurabatur, & à Domino fic amabatur* : jufques-là que Marthe, & Madeleine fondent uniquement l'efperance de la guerifon du Lazare leur frere fur le tendre amour que Jefus-Chrift avoit pour luy, & non fur toute autre raifon : Car elles ne preffent point le Sauveur par des prieres inftantes, ainfi que les Difciples en faveur de la belle-mere de faint Pierre, *& rogaverunt pro ea* ; Elles n'alleguent point la dignité du malade ainfi que les Juifs au fujet du Centurion, *quia dignus eft ut hoc illi praftes* ; elles ne fe prévalent point de leur qualité pour l'engager à venir au plûtôt, ainfi que le Prince de la Synagogue dont la Fille étoit à l'extrémité, *& deprecabatur eum multum*, elles n'ont recours qu'à l'amitié de

Jesus-Christ pour leur frere, & pour elles, (car Jesus aimoit Marthe, & Marie sa sœur, & Lazare, *diligebat autem Jesus Martham & sororem ejus Mariam & Lazarum.*) Voilà, luy manderent-elles, que celuy que vous aimez est malade, *ecce quem amas infirmatur;* persuadées qu'il ne peut apprendre cette triste nouvelle sans venir soulager le frere & consoler les sœurs. Il est vray que leur foy n'étoit pas encore assez éclairée, puisqu'elles veulent luy apprendre la maladie de leur frere, comme s'il l'ignoroit luy qui sçavoit tout, *miserunt ergo sorores ejus ad eum;* ou qu'il n'eût pû le guerir absent, *Domine, si fuisses hîc, frater meus non fuisset mortuus;* ou qu'elles eussent craint, qu'il ne fût venu peut-être trop tard, ou qu'un seul messager n'eût pas suffi pour exciter sa charité à venir au plûtôt, puisqu'elles luy en dépêcherent plusieurs, *audiens autem dixit eis.*

Tel étoit le langage de plusieurs autres infirmes dans la foy, qui n'esperoient qu'en sa presence, ou qui ne reclamoient que son pouvoir; Seigneur, disoient-ils, venez & descendez avant que mon Fils meure, *descende priusquam filius meus moriatur;* Seigneur, si vous voulez, vous pouvez me guerir, *Domine, si vis potes me mundare:* au lieu que nos deux sœurs n'attendent rien que de son amour; car, comme observe saint Augustin, elles ne demandent point au Sauveur qu'il vienne guerir leur frere, *non ausæ sunt dicere, veni & sana;* elles ne disent point, commandez du lieu où vous êtes, & vous serez icy obey, *non ausæ sunt dicere ibi jube, & sic fiet;* rien de semblable ne sort de leur bouche, *nihil horum istæ:* leur amour s'exprime plus affectueufement : Voicy, luy manderent elles, que celuy que vous aimez eſt malade; paroles de grande conſolation pour un homme de bien qui ſouffre, *ecce quem amas infirmatur* : comme ſi elles luy euſſent dit, nous ne vous preſſons pas de venir pour guerir le Lazare, parce qu'il eſt nôtre frere, mais qu'il eſt vôtre amy; il ſuffit que ſon mal ſoit connu de vous, pour n'être pas abandonné de vous, *ſufficit ut noveris, non enim amas & deſeris.*

Cette charité mutuelle, outre les raiſons generales de grace & de ſalut, étoit fondée ſur ce que Jeſus-Chriſt avoit miſericordieuſement guery & délivré quelques-unes de ces pieuſes Dames des malins eſprits & infirmitez, entr'autres Marie appellée Madeleine, de laquelle il avoit chaſſé ſept démons, *mulieres aliquæ quæ erant curatæ à ſpiritibus malignis, & infirmitatibus, Maria quæ vocatur Magdalene de qua ejecerat ſeptem dæmonia,* leſquelles avec pluſieurs autres, le ſuivoient & défrayoient dans les Miſſions qu'il faiſoit accompagné de ſes Apôtres & diſciples, ne pouvant ſe ſeparer de luy, & par reconnoiſſance de tant de bienfaits qu'elles en avoient reçû, & par crainte de retomber dans les premiers malheurs dont il les avoit tirées, & par zéle de profiter de ſa doctrine, de ſes exemples & de ſes miracles : heureuſe l'amitié ſainte exempte de toute malignité du démon, & libre de toute foibleſſe humaine, *diligebat autem Jeſus Martham, & ſororem ejus Mariam & Lazarum.* A quoy il faut ajoûter l'ineſtimable bonheur que Marthe & Marie avoient eu de recevoir plus d'une fois ce divin Sauveur

veür & fes Apôtres chez elles. O heureufe Maifon! ô
fortunée demeure qui merita de renfermer fous fon
toiǎt celuy que le Ciel & la Terre ne peuvent contenir dans leur étenduë ! *O beata , ô felix Martha ,* s'écrie
faint Auguftin, *quæ fufcipere Dominum meruit , cujus hof-*
pites Apoftoli facti funt.   En effet la Veuve de Sarepta
& celle de Sunam n'obtinrent-elles pas la réfurre-
ǎtion de leurs Enfans pour avoir logé dans leurs hof-
pices les Prophetes Elie , & Elizée ? Abraham ne merita t'il pas en pratiquant cette vertu de recevoir chez
luy les Anges mêmes ? *Angelis hofpitio receptis,* dit l'Apôtre faint Paul : Quelle prérogative donc ne fut pas celle de ces vertueufes Dames, d'avoir reçû dans leur
Maifon le Roy des Anges ; & exercé fur la terre une
hofpitalité paffagere, envers celuy qui devoit les recevoir au Ciel dans fes tabernacles éternels ? le Sauveur du monde ne dédaignant point d'éprouver & de
fanǎtifier en luy ces innocentes confolations humaines, & de montrer même par-là qu'il étoit homme.
De quelle maniere plus engageante Marthe & Marie pouvoient-elles donc luy demander la guerifon
de leur frere, qu'en luy envoyant annoncer que celuy qu'il aimoit étoit malade , fans ajoûter rien de
plus, *Ecce quem amas infirmatur.*   Et de quelle maniere
plus tendre le Lazare luy-même pouvoit-il reclamer
le fecours du Sauveur, qu'en difant à fes fœurs : Envoyez dire à celuy qui nous aime tant l'extrémité où
je fuis,& que je n'ay plus d'efperance qu'en luy. Elles
n'y allerent pas elles-mêmes,tant par bienfeance,ver-
tu infeparable d'une charité éclairée,qui préfere le de-

Ser. 27. de
diverfis.

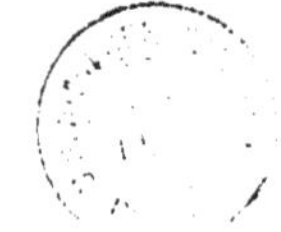

voir à l'inclination quoyque fainte , *neque ipfæ vene-*
runt quæ amabantur, fed alii mittuntur, dit faint Chryfoftome ; que pour ne pas paroître bleffer l'amitié du
Sauveur envers le Lazare , employant auprès de ce
Célefte Médecin d'autres inftances que les nouvelles
de l'extrémité où fe trouvoit le malade, laiffant à fon
bon cœur à faire le refte : ce qui fans doute eft une efpece de demande plus efficace pour obtenir , qu'un
difcours empreffé , *quæ fæpè efficacior eft poftulatione aper-*
ta , quia magis humilis , verecunda , reverens & confidens ,
dit faint Thomas ; car un bienfait extorque, pour ainfi
dire , à force d'importunité eft bien moins précieux
qu'un bien-fait dont on eft gratuitement prévenu ;
la grace accordée aprés la demande bien moins chere
que la grace conferée avant la demande, & une folli-
citation vive , fouvent moins heureufe pour obtenir
qu'un defir humble & modefte qui ne fe produit qu'a-
vec retenuë , ainfi que ces pieufes fœurs le firent voir
par ce peu de paroles , voila que celuy que vous aimez
eft malade, qui montrent leur moderation , leur pru-
dence , leur confiance , leur réfignation , leur amour ,
ecce quem amas infirmatur. Telle eft l'eloquence du pauvre , dit faint Auguftin , qui demande plus effica-
cement l'aumône montrant un vifage pâle & déchar-
né & des playes ouvertes, qu'en proferant les difcours
du monde les plus patetiques , & les plus étudiez , *non*
enim eft perfecta mifericordia quæ precibus extorquetur : fed
fi tacet lingua , loquitur pallor in facie , & c.

       Jefus entendant ces envoyez, leur dit, que cette in-
firmité n'étoit pas à la mort , mais qu'elle ferviroit à la

gloire de Dieu , & afin que le Fils de Dieu fût glorifié par elle , *audiens autem Jesus , dixit eis , infirmitas hæc
non est ad mortem, sed pro gloria Dei , ut glorificetur filius Dei
per eam ,* en quoy ce divin Sauveur fit paroître , 1o. Sa
douceur & son humilité, voulant bien écouter avec at-
tention & charité ce qu'il sçavoit déja par sa prescien-
ce avant qu'on le luy annonçât, *audiens autem Jesus
dixit eis.* 2o. Sa lumiere surnaturelle & divine qui luy
découvroit tout à la fois, & ce qui se passoit en Bethanie où il n'étoit pas corporellement, & ce qui se passoit au de-là du Jourdain où il étoit, l'absent & le present, le prés & le loin étant également sous ses yeux,
connoissant, & l'espece de la maladie du Lazare, *infirmitas hæc*, & le succez qu'elle auroit, *non erit ad mortem*; & enfin sa mort & sa résurrection future, *resurget
frater tuus.* 3o. Sa toute-puissance , n'appelant pas la
mort prochaine du Lazare une mort, mais un sommeil dont il le réveilleroit quand il voudroit, *Lazarus
amicus noster dormit, sed vado ut à somno excitem eum*, étant
plus facile à luy de ressusciter celuy qui est mort, qu'il
ne l'est à nous de réveiller celuy qui dort, *tanta facili-
tate excitabat de sepulchro quanta tu non excitas dormientem
in lecto*, dit saint Augustin. 4o. Sa providence dispo-
sant si bien les choses , que l'infirmité du Lazare loin
d'aller à la mort, allât au contraire, & à luy rendre la
vie du corps, *prodiit qui fuerat mortuus*, & à donner aux
Juifs presens qui crurent en luy la vie de l'ame, *crediderunt in eum*; & à les préserver tous de la mort éternelle , en les guérissant de leur incrédulité, *omnis qui vivit
& credit in me non morietur in æternum* : car ainsi qu'ajoû-

p. 123.

C ij

te Saint Auguſtin , *& ipſa mors non erat ad mor-*
tem, ſed ut crederent homines in Chriſtum , & vitarent veram
mortem. 5°. Sa bonté, conſolant ces ſœurs affligées, en
leur mandant que leur frere ne mourroit pas de cette
maladie , du moins en la maniere qu'elles le crai-
gnoient, *infirmitas hæc non eſt ad mortem.* 6°. Sa magni-
ficence envers elles, puiſqu'il voulut que la maladie
de leur frere & ſa mort de quelques jours, ſuivie de ſa
miraculeuſe réſurrection, ſervît à faire éclater la divinité du Fils de Dieu , & que leur Maiſon de Bethanie
devint le Theatre illuſtre de tant de merveilles. Tels
furent les effets de la tendre dilection de Jeſus-Chriſt
envers le Lazare & ſes ſœurs Marthe & Marie, celuy-
là languiſſant, *ille languens,*celle-cy deſolées,*iſtæ triſtes,*
tous cheris de Jeſus,*omnes dilecti,*cheris de Jeſus la parfaite gueriſon des malades, la puiſſante réſurrection
des morts, la douce conſolation des affligez,*languen-*
tium ſalvator, mortuorum ſuſcitator,triſtium conſolator, continuë le meſme Pere : telles furent les benedictions
que le Sauveur voulut répandre ſur les afflictions des
perſonnes qu'il aimoit, & qui l'aimoient ; mais auſſi
faut-il avoüer que leurs épreuves ne furent pas moin-
dres ; car à peine leur eut-on annoncé de la part du
Sauveur que la maladie de leur frere n'iroit pas à la
mort, *infirmitas hæc non eſt ad mortem* ; à peine cette con-
ſolante prédiction eut-elle comblé de joye ſes bonnes
ſœurs , qu'elles virent ce même frere expirer entre
leurs bras ; comment leur foy put-elle alors n'être pas
ébranlée ? quel trouble cet accident ne jetta-t'il pas
dans leur ame ? d'autant plus que leur divin Maître ne

venant point, & le corps du deffunt ayant déja de-
meuré quatre jours dans le tombeau, toute leur espe-
rance & toute leur confiance sembloient être enseve-
lies avec le défunt. Pourquoy donc s'étonner, comme observe saint Chrysostome, si les Justes & les amis
de Dieu souffrent souvent en ce monde des angoisses
& des perplexitez, *per hoc nos erudiens non contristari, si
qua infirmitas facta fuerit circa bonos viros & amicos Dei.* Il
est vray cependant que si le Seigneur semble quelquefois refuser à ses fidelles serviteurs ce qu'ils demandent, il leur donne ordinairement par ailleurs
plusqu'ils ne demandent, quoy qu'avec des mortifica-
tions qu'ils ne demandent pas, qui neanmoins ren-
dent ses dons plus utiles, car si le Sauveur n'accorda
pas à ces bien-aimées sœurs la guerison de leur frere
qu'elles demandoient pour leur consolation, ainsi
que les Juifs presumerent vainement de faire, *multi
autem ex Judæis venerant ad Martham, & Mariam, ut
consolarentur eas de fratre suo,* il leur accorda la resurrection de leur frere qui dut bien les consoler davantage.

S'il ne leur accorda pas la guerison de leur frere
malade, dans laquelle sans doute elles eussent trouvé
un grand affermissement dans la foy, ainsi que les
Juifs parurent le desirer pour eux, disant: Est ce que
celuy-cy qui a ouvert les yeux de l'aveugle né, ne
pouvoit pas empêcher que le Lazare ne mourût, &
nous porter par ce miracle à croire en luy? *non poterat
hic qui aperuit oculos cæci nati, facere ut hic non moreretur.* Il leur accorda la resurrection de leur frere de-

cedé depuis quatre jours, merveille bien plus capable
de les affermir dans la foy, que n'auroit fait sa guerison ; car, comme observe saint Augustin, *majora sunt*
opera mortuos suscitare, quàm languidos sanare.

Quelle gloire donc pour le Lazare de ce que la maladie, qui dans les autres ne sert qu'à faire déplorer la
foiblesse de l'homme, servit en luy à faire éclater la
puissance de Dieu, *hæc infirmitas non est ad mortem, sed pro*
gloria Dei : sa mort corporelle à rendre la vie spirituel-
le aux Juifs incrédules, *multi ergo ex Judæis qui viderant*
crediderunt in eum ; sa résurrection & sa sortie du tombeau, à être une démonstration éclatante de la divinité du Sauveur, le souverain Maître de la vie & de la
mort, *infirmitas hæc non est ad mortem, sed ut glorificetur fi-*
lius Dei per eam, & à devenir comme les prémices ,
& l'image de la résurrection de Jesus-Christ, qui peu
aprés devoit s'operer presque au même lieu.

Enfin s'il n'accorda pas à Marthe & Marie la guerison de leur frere, qu'elles luy demandoient comme
un témoignage de sa charité envers elles, il leur accorda la résurrection de leur frere, qui leur fut un témoignage incomparablement plus fort de sa charité,
que ne leur eût été la guerison de leur frere, puisqu'outre la grandeur d'un tel bienfait, qui surpassoit
bien celuy de la guerison, il parut luy rendre la vie
aux dépens même de la sienne, circonstance trés-di-
gne de remarque : car à peine eut-on annoncé la mort
du Lazare au Sauveur, qu'il prit la résolution de l'aller
ressusciter, sçachant bien neanmoins, & prévoyant
bien que cette résurrection attireroit infailliblement

l'Arrêt de sa mort; qu'il alloit rendre la vie à son amy, · aux dépens de la sienne propre, & faire par avance pour luy ce qu'il devoit faire incessamment pour tout le genre humain, puisque ce miracle fut cause que Caïphe & les Pharisiens assemblez à ce sujet, porterent l'arrêt de condamnation contre Jesus-Christ, & qu'ils l'executerent peu aprés, *ab illo ergo die cogitaverunt ut interficerent eum.*

Tellement qu'on eût dit que Jesus Christ ne laissoit mourir le Lazare, que pour le ressusciter, *distulit*   S. *Aug. hic.* *sanare ut posset ressuscitare,* & par-là donner aux sœurs & au frere le plus parfait témoignage de charité qui fut jamais, suivant la maxime même de ce divin Sauveur, que personne n'a une plus grande dilection pour ses amis, que celuy qui donne la vie pour eux, *majorem hac dilectionem nemo habet ut animam suam ponat quis pro amicis suis.*

SECONDE CONSIDERATION.

Deux jours s'étoient écoulez depuis qu'on avoit apris au de-là du Jourdain les nouvelles de la maladie du Lazare, sans que Jesus-Christ en fût encore parti: *ut ergo audivit quia infirmabatur, tunc quidem mansit in eodem loco duobus diebus:* mais helas! combien ces deux jours & les deux suivans furent-ils tristes, & longs à nos deux sœurs affligées, & combien leur foy fut-elle exercée? Leur frere griévement malade, leur frere mort, leur frere inhumé, quels rudes coups à leur tendresse? Jesus-Christ leur unique ressource absent,

éloigné, inutilement attendu, quel sujet d'inquiétu-
de pour elles? la Prophetie du Sauveur que la maladie
de leur frere n'iroit pas à la mort, ne leur devoit-elle
pas paroître alors visiblement fausse, & combattre
leur croyance que Jesus-Christ étoit veritablement le
Fils de Dieu; comment accorder sa prédiction avec
l'événement? sans doute que c'étoit-là un grand sujet de trouble, une forte épreuve, un temps d'orage
& d'obscurité pour elles. Mais quoy, n'est-ce pas ainsi
que le Seigneur a coûtume d'éprouver ses plus fidelles
Disciples pour les fortifier dans la foy, au milieu même des tentations contre la foy? l'Ange avoit assuré
saint Joseph que Jesus seroit le Sauveur de son peuple, cependant ce Sauveur a bien de la peine à se sau-
ver luy-même des mains du cruel Herode; & il faut
qu'il s'enfuye de nuit en un pays éloigné, comme observe saint Ambroise: *contraria omnino sunt facta promis-
sis.* Les Disciples d'Emaüs avoient esperé que Jesus-
Christ seroit le Redempteur d'Israël, cependant voila leur foy éclipsée, ce Rédempteur est vendu, & ne
s'est pas racheté luy-même de la mort, *nos autem spera-
bamus quia ipse redempturus esset Israël.* Jesus-Christ assure aux sœurs de Lazare que la maladie de leur frere ne
sera pas à la mort, le voila dans le sepulchre, il falloit que la foy de Marthe & de Madeleine fût encore
exercée: La sagesse du Seigneur le jugeoit ainsi convenable à leur bien; car c'est à celuy-là seul qui met
l'Or dans le creuset de juger combien de temps il faut
l'y laisser, pour être tout-à-fait rafiné, dit saint Chrysostome, *qui enim aurum in fornacem mittit, novit quatenus
illud.*

illud incendi, atque ignescere, & quando igne oporteat educi.
Il falloit encore que leur vertu fût plus épurée: si
le Prophete Elie à qui le Seigneur avoit donné le
pouvoir d'ouvrir & de fermer le Ciel, & par consequent de causer la fertilité ou la sterilité de la Terre,
n'eût pas été reduit à demander l'aumône à une pauvre veuve, qui se voyoit elle-même reduite à la veille
de mourir de faim, & si cette pauvre femme n'eût
eu le zele de luy conserver la vie aux dépens de la
sienne propre, nous n'aurions pas eu ce rare & double exemple d'humilité dans ce Prophete, & de
charité dans cette veuve: combien donc ces deux
pieuses sœurs nous ont-elles édifié, d'être demeu-
rées fermes dans la Foy en Jesus-Christ malgré les
tentations de doute & d'incredulité qu'elles purent
avoir dans cette occasion? car leur frere étant encore dans le tombeau, l'une d'elles interrogée sur
cet article important, repondit qu'elle avoit toûjours
crû sans jamais hesiter que Jesus-Christ étoit le Fils du
Dieu vivant venu au monde, *utique Domine ego credidi
quia tu es Christus filius Dei vivi qui in hunc mundum venisti.* Elle n'attendit pas à croire en Jesus-Christ quand
il eut ressuscité le Lazare, pour luy dire comme la
Sunamite à Elie aprés qu'il eut ressuscité le fils de cette
veuve, maintenant je croy que la parole du Seigneur
est veritable en vous, *nunc in isto cognovi*; mais elle
crut en Jesus-Christ lors même qu'il luy avoit mandé
que la maladie du Lazare n'iroit pas à la mort, &
que cependant elle le voyoit actuellement dans le sepulchre: elle ne dit pas lorsqu'il en sortoit, je crois

D

à prefent, *ego credo*, mais elle dit lors qu'il y étoit encore, j'ay toûjours crû, que vous êtes le Fils de Dieu vivant, & par confequent la verité même effentielle, *ego credidi, quia tu es Chriflus filius Dei vivi.* Mon foible efprit n'a pu concilier ces deux chofes, ce que je voyois, & ce qu'on m'avoit mandé, mais j'ay toûjours crû que vous êtes le Fils unique du Pere, & par confequent incapable de menfonge, *ego credidi*; foy merveilleufe en deux perfonnes d'un fexe de luy-même fi foible & fi variable, qui ne fe fcandaliferent point d'une contradiction fi apparente, dit faint Chryfoftome : *in quo id admiratione dignum eft, quod audientes forores infirmitatem illam non effe ad mortem, deinde mortuum videntes, non funt fcandalizatæ cùm contra accidiffet quod dixerat, neque mentitum putaverunt.* Bien davantage, elles parurent plus fortes que les Apôtres puifqu'elles profefferent hautement leur foy en prefence même des Juifs que les Apôtres paroiffoient redouter jufqu'à n'ofer aller en Judée. En effet le tems deftiné pour purifier l'or de la fidelité de ces deux fœurs dans le creufet de tant d'afflictions & d'épreuves étant expiré, & Jefus-Chrift voulant aller les confoler, il dit à fes difciples qu'il falloit retourner en Judée, *eamus in Judæam iterum* : à ce difcours les difciples furent comme effrayez, *hoc dicto, videte quemadmodum difcipuli territi fuerint*, continuë faint Auguftin : couvrans neanmoins la crainte qu'ils avoient d'être eux-mêmes lapidez, de celle qu'ils feignoient avoir que leur maître ne le fût ; comment eft ce que vous voulez retourner en Judée, luy re-

partirent-ils, vû qu'il y a si peu que les Juifs cherchoient à vous y lapider? *Rabbi nunc quærebant Judęi te
lapidare, & iterum vadis illuc!* pourquoy de nouveau
vous livrer à leur fureur? Ils s'efforçoient d'empecher que celuy-là ne mourût, qui par sa mort devoit
empecher qu'ils ne mourussent, *voluerunt enim consi-
lium dare Domino, ne moreretur, qui venerat mori ne ipsi
morerentur:* c'est pourquoy le Seigneur voulant les
reprendre de leur trop grande timidité, & de leur
peu de foy, *redarguere volens illorum dubitationem & in-
fidelitatem,* leur tint un discours qui sans doute fut
une nuit dans leur esprit, & qui ne le sera pas moins
dans le nôtre, si nous n'avons soin d'invoquer ce
jour qui seul peut dissiper nos tenebres interieures:
*de die quidem locutus est, sed in nostra intelligentia, quasi
adhuc nox est, invocemus diem ut expellat noctem.* Est-ce,   *S. Aug. hic*
leur repondit il, qu'il n'y a pas douze heures au jour
de ma vie, les unes pour faire voir mon infirmité, comme il a paru par ma retraite de la Judée; les autres
pour faire éclater ma puissance, comme il va paroître par mon retour en Bethanie, *etenim discessit
ut homo, sed in redeundo quasi oblitus infirmitatem ostendit potestatem,* ne craignez donc point, mes disciples, de vous
égarer étant à ma suite: que ceux-là craignent de
s'égarer, qui marchans dans les tenebres, & ne
sachans où ils vont, s'exposent à heurter contre les
autres, & à être heurtez eux-mêmes par les autres:
mais pour vous qui marchez à la lumiere qui forme
les doûze heures du jour de ma vie, vous devez être
en repos où s'adresseront vos pas, tandis que vous me

verrez reluire à vôtre teſte pour vous éclairer, *me ſe-*
quimini, ſi non vultis offendere. Enſuite il leur dit, Lazare
nôtre amy dort, mais je m'en vas le tirer du ſommeil,
leur declarant par ces paroles tendres la cauſe de ſon
retour en Judée, & voulant les intereſſer dans ce
voyage puiſqu'il l'entreprenoit en faveur de leur amy
commun, dont ils avoient reſſenti tant de bons of-
fices, & qu'il eſt d'une parfaite charité d'aller viſi-
ter les malades qui d'ailleurs ne ſont pas en état de
venir à nous pour y trouver de la conſolation & du
ſoulagement, *Lazarus amicus noſter dormit, ſed vado*
ut à ſomno excitem illlum, œuvre de miſericorde qui ſans
doute ne peut être que trés-agreable à Dieu, & que
les Apôtres neanmoins ne paroiſſoient gueres pour
lors diſpoſez de pratiquer envers le Lazare, tant l'a-
prehenſion qu'ils avoient des Juifs étoit forte & leur
charité foible, mais qui ſe perfectionna bien depuis
& dans eux, & dans l'Egliſe, & dont les Anges même voulurent quelquefois être les cooperateurs, &
nous en donner l'exemple. Un bon Solitaire reſté
malade dans ſa cellule ſans qu'on y eût pris garde,
fut aſſiſté par un Ange qui vint de la part de Dieu,
comme pour luy ſervir d'Infirmier pendant les derniers jours de ſa vie, *& ecce jam dies ſeptem ſunt, ex*
quo Dominus Angelum miſit ut miniſtraret mihi. Saint De-
nis d'Alexandrie rapporte que dans le tems d'une
grande contagion, les Chrétiens de ſa ville animez
de l'amour de Jeſus-Chriſt, negligeant le ſoin de
leur ſanté propre & de leur vie, viſitoient aſſiduëment
les peſtiferez, ſe tenoient nuit & jour auprés d'eux,

s'infectoient de leurs maux , en les pensant , & demeurant continuellement avec eux, ils contractoient
le mal dont ils guérissoient les autres , ils rendoient
la vie aux moribonds, aux dépens de la leur : *Plurimi*
quidem ex fratribus nostris , ob nimiam charitatem curam
omnem propriæ salutis abjicientes , dum ægros securè atque au-
dacter invisunt , eisque assiduè ministrant, unà cum illis
mortui sunt, aliorum ægritudine libentissimè sese implentes, &
proximorum morbum in semetipsos quodammodo attrahentes,
& qui alios ægrotantes curaverant, & in pristinam vale-
tudinem restituerant, ipsi interierunt, mortem illorum in se
ipsos traducentes : ce qui ne paroît pas d'un moindre
merite que le Martyre méme, ajoûte ce Pere, *adeò*
ut genus hoc mortis ob pietatem , fideique constantiam , ne-
quaquam inferius Martyrio censeatur.

Ce discours neanmoins de Nostre-Seigneur que
le Lazare dormoit, & qu'il alloit le reveiller , paroissoit peu intelligible aux Apostres , sur tout Bethanie estant à trois ou quatre journées du lieu où
ils estoient : Comment pouvoit il dire qu'il alloit le
réveiller ? D'ailleurs les Apostres ne parlant encore
que suivant ce qu'ils concevoient , c'est-à-dire fort $_{S. \; Aug.}$
grossierement , *quomodo intellexerunt sic responderunt,*
renouvellerent leur crainte au sujet du voyage en
Judée, ce qui les obligea de dire, que si Lazare dormoit, il estoit guery , *si dormit, salvus erit ;* & par consequent qu'il sembloit convenable de le laisser en
paix reprendre ses forces sans aller troubler son repos : *Sinamus eum dormire ut citius convalescat ,* ajoûte
saint Chrysostome , qui les fait ainsi raisonner : *Si*

dormit, non igitur utile est ut tu vadas ad excitandum eum.
Mais le Sauveur leur expliquant cet enigme, leur
annonça clairement que le Lazare estoit mort: *La-*
zarus mortuus est, montrant par-là son esprit prophe-
tique & la qualité de Juge, devant qui les ames des
defunts doivent comparoistre au sortir de cette vie,
ainsi qu'avoit fait celle du Lazare, dit saint Augustin, *ad cujus manus anima morientis exierat.* Allons donc
à luy, continua le Seigneur, *eamus ad eum*, leur in-
sinuant par cette expression que les morts n'estoient
pas moins capables de ses visites que les vivans, les
affligez pour en être consolez, les malades pour
en être gueris, les morts pour en être ressuscitez,
& tous pour luy être presentez. Il leur dit donc,
qu'il se réjoüissoit de ce voyage, parce que le reveil
de Lazare enseveli dans le tombeau, reveilleroit la
foy endormie des Apostres dans leur cœur: *Sed gaudeo*
propter vos ut credatis. Pour lors saint Thomas voulant encourager les Disciples, & les faire resoudre à
ce voyage, dit ces paroles également pleines d'a-
mour & de zele (& peut estre de présomption, aussi-
bien que le furent celles de saint Pierre, lorsqu'il se
vanta qu'il n'abandonneroit pas son Maistre, quand
tous les autres l'abandonneroient: *Sic enim loquebatur,*
quasi facere posset quæ alios hortabatur, immemor suæ fra-
gilitatis sicut & Petrus, dit un Pere, (ce que son dé-
faut de foy sur la resurrection de Jesus-Christ, laquelle il refusa de croire, à moins qu'il ne mît ses
doigts & sa main dans les playes du Sauveur, fit assez
voir.) Allons-y, dit-il donc, nous autres aussi, afin que
s'il le faut, nous mourions avec luy : *Dixit ergo Tho-*

mas ad condiscipulos, eamus & nos ut moriamur cum eo: Resolution genereuse qui renferme deplus la disposition heroïque du vray fidele, non-seulement de ne craindre la mort, mais d'aller au devant d'elle, quand il le faut, ainsi que Jesus Christ en a donné l'exemple, & merite la grace, nous apprenant à mourir pour luy de la maniere dont il a voulu mourir pour nous, puisque voyant l'heure de sa passion arrivée, il se leva de son oraison, & se mettant à la teste des Apostres, il leur dit, animé d'un courage bien autre que celuy de saint Thomas : Levez-vous, allons à la rencontre des satellites qui me cherchent, voilà que celuy qui me trahit s'approche : *Surgite eamus, ecce qui me tradet prope est* Que de Martyrs par une secrette inspiration, se conformant à ce divin modele, ont méprisé la mort, & fait voir en eux un amour ardent envers Dieu & envers le prochain! contentons-nous icy d'un seul exemple rapporté par saint Gregoire le grand : Un homme innocent condamné à la mort par des barbares, fit pitié à un saint Prestre, qui par ses vertus éminentes s'estoit rendu venerable à ces infideles même; ce bon Prestre obtint d'eux qu'il le garderoit pendant la nuit, ce qu'ils luy accorderent, à la charge qu'il mourroit luy-même au lieu & place de ce prisonnier, s'il ne le representoit pas le lendemain; malgré cette menace, ce charitable ministre de Jesus-Christ obligea le prisonnier de se retirer, s'exposant visiblement à mourir pour luy. En effet, le matin venu, ces infideles extremement irritez s'assemblerent pour voir trancher la teste à ce

bon Preftre : mais le bras du bourreau déja levé , demeura immobile , ce qui joint à d'autres merveilles ,
toucha tellement le cœur de ces barbares , que non-
feulement ils luy laifferent la vie & la liberté, mais
de plus qu'ils l'accorderent à plufieurs chretiens
qu'ils tenoient en efclavage : *Factumque eft , cum fe
unus pro uno morti obtulit , multos à morte liberavit ;*
accompliffant de cette forte à la lettre la refolu-
tion de faint Thomas , lorfque s'adreffant aux autres Apoftres il leur dit cette parole qui devoit tant
fructifier dans l'Eglife : *Eamus & nos ut moriamur cum
eo.* Allons & mourons avec luy , & pour luy.

TROISIE'ME CONSIDERATION.

Le Sauveur vint donc en Bethanie où tout eftoit
en deüil,afin de confoler nos deux fœurs affligées, &
leur rendre cet office de charité , que la piete tendre
& veritable a de tout temps infpiré au prochain mife-
ricordieux ; ainfi la famille de Jacob s'affembla pour
adoucir la douleur que reffentoit ce faint Patriarche de la perte de Jofeph fon bien aimé fils, *ut le-
nirent dolorem patris.* Il en fut de même des amis du
bienheureux homme Job, lefquels ayant appris les
defaftres dont le Seigneur avoit permis qu'il fût affli-
ge , fe donnerent rendez vous chez luy, pour mefler
leurs larmes avec les fiennes : *Convdixerant enim ut pa-
riter venientes vifitarent eum , & confolarentur.* Ces fenti-
timens de condoleance font fans doute beaucoup
plus agreables à Dieu, & plus conformes à l'efprit &

à

l'exemple de Jefus-Chrift qu'une vertu feche qui fe
fait un merite de fon infenfibilité, & qui loin de fou-
lager le jufte affligé, le fait davantage gémir, & dire
avec le Prophete defolé : J'ay attendu que quelqu'un
touché de compaffion pour mes maux voulût s'attri-
fter avec moy ; mais helas ! je n'ay trouvé dans mes
peines aucun confolateur : *Et fuftinui qui fimul contrifta-*
retur, & non fuit. J'ay cherché quelqu'un qui me foû-
tînt dans mes abbatemens, mais helas ! je n'ay trouvé aucune commiferation en perfonne, *& qui confola-*
retur, & non inveni. Il eft vray que le cœur humain
peut ne pas s'affliger dans ces occafions, continuë
toûjours faint Auguftin, *poteft non dolere cor humanum*
defuncto cariffimo ; cependant il eft bien mieux de montrer en s'affligeant qu'on porte un cœur humain, que
de montrer en ne s'affligeant pas qu'on porte un cœur
inhumain, *melius tamen dolet & fanatur cor humanum,*
quàm non dolendo fit inhumanum. Et aprés tout, fi le Sei- *Ser. 45. de*
gneur ne nous a pas commandé de pleurer, du moins *v. tb. Apoft.*
nous l'a t-il permis, *fi non juffit præcepto, conceffit exem-*
plo.

Ce fut dans cet efprit que le Sauveur vint en Bethanie, où plufieurs Juifs s'étoient auffi rendus pour
confoler Marthe & Marie fur la mort de leur frere.
Marthe apprenant que le Sauveur arrivoit, accourut
au-devant de luy, & luy dit toute defolée ces triftes
paroles : Seigneur, fi vous aviez été icy, mon frere
ne feroit pas mort, *Domine, fi fuiffes hic, frater meus*
non fuiffet mortuus ; fur quoy l'on peut obferver,

1º. Combien les confolations qui viennent de la

E

part des hommes font foibles en comparaison des confolations qui viennent de la part de Dieu : celles-là ne confiftent qu'en des paroles & des démonftra-tions d'amitié d'elles-mêmes fteriles & impuiffantes de nous redonner le bien dont nous regrettons la perte. Telles étoient celles des Juifs venus de Jeru-falem en Bethanie pour confoler nos deux fœurs, *multi ex Judæis venerant ad Martham & Mariam, ut confolarentur eas de fratre fuo;* confolations vaines, qui n'apportent aucun remede efficace au mal, qui ne fervent fouvent qu'à l'aigrir & qu'à fatiguer la pa-tience de celuy qui fouffre. De quoy le faint homme Job fe plaignoit, difant qu'au lieu de trouver de la douceur dans les difcours de fes amis, il n'y avoit trouvé que de l'amertume, *confolatores onerofi omnes vos eftis.* Au contraire les confolations qui viennent de la part de Dieu font réelles, & effectives, elles appai-fent la douleur, elles fortifient le courage, elles re-mettent en poffeffion du bien perdu, ou elles en font aimer la privation : de cette forte Dieu confola Jacob de la perte de Jofeph, qu'il croyoit avoir été devoré par des bêtes feroces, en luy rendant ce même fils comblé d'honneur & de gloire. Dieu confola Job, en luy redonnant au double les biens qu'on luy avoit ravis.

2°. Combien la foy de Marthe étoit encore im-parfaite : elle croyo't à la verité que Jefus-Chrift eût pû, s'il avoit été prefent en Bethanie, empêcher que Lazare ne mourût ; mais elle ne parut pas croire qu'il eût pû le guerir étant abfent ; elle ne préfumoit en

luy qu'une vertu bornée, qui ne le rendoit pas prefent par tout & puiffant par tout, fuivant la plainte du
Seigneur par le Prophete : Penfez vous que je ne fuis
Dieu que de prés, & non de loin ? *Putafne Deus è vi-
cino ego fum , dicit Dominus , & non Deus de longè?* Eft-ce
que je ne remplis pas le Ciel & la Terre, dit le Seigneur ? *Numquid non cœlum & terram ego impleo, dicit
Dominus.* Car fi elle eût crû cela de Jefus-Chrift, elle
eût dû dire, Seigneur, *fi vous l'aviez voulu* , indépen-
demment de vôtre prefence ou abfence corporelle,
mon frere feroit encore en vie ; au lieu qu'elle difoit :
Seigneur, *fi vous aviez été icy* , mon frere ne feroit
pas mort : Semblable à tant d'autres infirmes en la
foy, qui difoient par tout dans l'Evangile : Seigneur,
venez, Seigneur, defcendez , Seigneur , entrez chez
moy avant que le malade meure; comme fi fans y en-
trer il n'eût pû le guerir : Tel étoit encore ce Pere affligé, qui doutant de la puiffance de Jefus-Chrift ,
s'écrioit, Seigneur, fi vous pouvez quelque chofe,
aidez-nous : *Si quid potes, adjuva nos , mifertus noftri.*

En fecond lieu, Marthe croyoit bien, & que Jefus-
Chrift pouvoit guerir fon frere, & que s'il eût été prefent, il eût pû l'empêcher de mourir, & même qu'il
pouvoit le reffufciter ; mais tout cela par voye de priere & d'interceffion auprés de Dieu, ainfi que feroit un
grand Saint ami du Seigneur, & non par fa propre
vertu, ainfi que feroit le Seigneur mefme; elle croyoit
bien que Jefus-Chrift étoit tout-puiffant auprés de
Dieu, pour en obtenir ce qu'il luy demanderoit ; mais
elle ne croyoit pas qu'il fût tout-puiffant pour accor-

Jer. 23. 23,

E ij

der ce qu'on demanderoit de luy ; elle croyoit bien
que Jesus Christ étoit un homme divin, mais elle ne
croyoit pas qu'il fût un homme Dieu : car si elle eût
bien crû la Divinité du Fils, elle n'eût pas dit : Maintenant, Seigneur, quoyque mon frere soit mort, je
sçay que tout ce que vous demanderez à Dieu il vous
l'accordera, *sed & nunc scio quia quæcumque poposceris à
Deo, dabit tibi Deus*; elle auroit plûtôt dit : Maintenant, Seigneur, comme je sçay que rien ne vous est
impossible, & qu'il vous est aussi aisé de tirer mon
frere du tombeau presentement, comme il vous eût
été aisé de l'empescher d'y tomber il y a quatre jours;
je n'ay recours dans mon malheur, ayant perdu tout,
qu'à vous seul qui pouvez tout : ce que cependant elle
ne dit pas.

Pour dissiper ces doutes, le Sauveur luy dit, non
qu'il demandera la resurrection du Lazare, *non ait,
poscam ;* mais parlant en maître de la vie & de la mort,
& de qui tout dépend, il luy dit d'un ton absolu, vôtre frere ressuscitera, *non ait, poscam ut resurgat, sed resurget frater tuus, à meipso omnia facio*, dit saint Chrysostome.

Afin donc qu'elle comprît bien quel étoit le pouvoir de celuy qui luy parloit de la sorte, il ne luy dit
pas : J'obtiendray par mes prieres que vôtre frere ressuscite, ainsi que parloit le Prophete, quand pour
rendre la vie à un enfant mort, il se mit en priere,
disant : Seigneur mon Dieu, je vous supplie que l'a-
me de cet enfant retourne dans son corps, *Domine
Deus meus, revertatur, obsecro, anima pueri hujus in vis-*

cera ejus. Mais par ces trois mots, *resurget frater tuus*, il luy prédit, & luy promet abfolument que fon frere reffufcitera, la reprenant tacitement de fon peu de foy en luy, en ce qu'elle avoit dit que Dieu accorderoit à Jefus Chrift tout ce qu'il luy demanderoit, ne croyant pas que ce divin Sauveur pût par fa propre vertu reffufciter un mort, contre ce qu'il avoit dit peu auparavant : de mefme que le Pere reffufcite les morts, & les vivifie, ainfi le Fils vivifie ceux qu'il luy plaît ; *ficut enim Pater fufcitat mortuos, & vivificat, fic & Filius quos vult vivificat.* Cette parole, *vôtre frere reffufcitera*, n'eft donc pas une parole d'un ferviteur qui doit prier afin que le Lazare recouvre la vie, mais d'un maître qui doit commander que le Lazare reffufcite, *utique vox ifta eft imperantis, non precantis*, obferve faint Ambroife, & encore plus celles-cy qu'il devoit proferer peu aprés, *Lazare, veni foras.* Ce fut dans ce fens que le Roy David difoit à une mere qui lui difoit qu'on vouloit faire mourir fon fils : Vôtre fils ne mourra pas, *non cadet de capillis filii tui ;* parce qu'étant Roi abfolu, il devoit commander qu'on laiffât la vie à cet enfant. Ce n'eft pas que Marthe ne dît vrai en un fens, car il convenoit bien à Jefus-Chrift entant qu'homme de prier, dit faint Thomas ; il étoit nôtre Avocat, nôtre Mediateur, nôrre modele. Jefus-Chrift prie fon Pere, dit faint Ambroife, mais c'eft pour vous, & non pout lui, non pour obtenir pour lui la puiffance de vous faire les dons que vous demandez de lui, mais pour impetrer pour vous le merite de les recevoir, *orat ergo Dominus,*

E iij

non ut pro se obsecret, sed ut pro te impetret ; d'ailleurs , quoyque le Pere ait mis tout en la puissance du Fils, le Fils neanmoins en tant qu'il est homme demande & prie pour l'homme : *Nam etsi omnia posuerit Pater in potestate Filii, Filius tamen ut hominis formam impleret , obsecrandum Patrem putat esse pro nobis , quia advocatus est noster :* ou, comme saint Augustin s'exprime encore plus brievement, Jesus-Christ comme homme prie le Pere , & comme Dieu il agit avec le Pere , *Christus sicut homo invocat Patrem , sicut Deus facit cum Patre.* Mais elle dit faux en un autre sens , entendant par ces paroles *je sçay que vous obtiendrez de Dieu tout ce que vous lui manderez ;* qu'il n'étoit pas assez puissant par lui-même pour accorder tout ce qu'on lui demanderoit , comme de ressusciter les morts, ne sçachant pas encore que si Adam avoit été la mort de tous , Jesus-Christ étoit la resurrection de tous, *quoniam quidem per hominem mors , & per hominem resurrectio mortuorum ,* & que comme tous meurent en Adam, tous seront vivifiez en Jesus-Christ , *& sicut in Adam omnes moriuntur , ita & in Christo omnes vivificabuntur.* Outre cela , continuë saint Chrysostome , est-ce que Jesus-Christ pria quand il ressuscita la fille de Jaïrus , *puella tibi dico surge ,* ou le fils de la veuve de Naïm , *adolescens , tibi dico surge ;* ou quand il donna des yeux à l'aveugle né , *vade , lava , &c.* quand il chassoit les demons, quand il purifioit les lepreux , quand il gueríssoit les paralytiques , quand il commandoit à la mer agitée de se taire, aux flots émûs de se calmer, & aux vents de s'arrêter, *tace , & obmutesce ;* quand les

Apôtres faisoient des miracles en son nom, *invocato nomine Jesu*; & cela en vertu du pouvoir qu'il leur en avoit donné, *infirmos sanate, mortuos suscitate, leprosos mundate, dæmones ejicite.* Il est vray, continuë saint Chrysostome, que Jesus-Christ quand il resuscita le Lazare, leva les yeux au Ciel, & remercia son Pere de ce qu'il l'écoutoit toûjours ; mais quelle priere est celle-cy ? Jesus-Christ remercie avant que d'avoir rien demandé, *Pater, gratias ago tibi.* Qui jamais a prié de cette sorte ? *Quis unquam ita precatus est ?* Je vous rends graces, dit-il à son Pere, de ce que vous faites toûjours ce que je veux, *omnia enim facis quæ volo:* ce qu'il dit, non qu'il ne puisse faire lui-même tout ce qu'il veut, mais parce qu'il n'a qu'un même pouvoir & un même vouloir avec son Pere, *non tanquam non posset, sed tanquam una esset ipsorum sententia, una voluntas ;* gardant de cette sorte l'humilité dans ses paroles, & l'autorité dans ses actions ; *in verbis humilita-tem, re potestatem ;* car il ne dit pas, je m'en vas resusciter vôtre frere, je vas l'aracher des bras de la mort, je vas lui rendre la vie, mais *vôtre frere ressuscitera.*

3°. Quoique sous cette parole obscure, *vôtre frere ressuscitera,* qui ne semble pas dire nettement, je vas ressusciter vôtre frere, *hoc ambiguum fuit, non enim ait, modò ressuscito fratrem tuum,* le Sauveur insinuât suffi-samment à Marthe qu'il pouvoit lui-mesme par sa propre vertu ressusciter le Lazare, elle n'acquiesça pas encore à cette importante verité, elle ne dit pas, je croy qu'il ne dépend que de vous de m'accorder tout ce que je vous demanderai ; ce qu'elle auroit dû dire, si elle eût crû Jesus-Christ tout-puissant ; mais elle dit : je croi que vous estes assez puissant auprés de Dieu pour en obtenir ce que vous luy demanderez pour moy : elle regarda donc cette parole du Sauveur, *vôtre frere ressuscitera*, comme une consolation ordinaire qu'on a coûtume de donner aux Fideles en semblable occasion, & non comme un miracle qu'il alloit operer à sa considration ; elle paroissoit dire, je sçai que vous étiez assez puissant pour éloigner la mort de mon frere, je sçai que vous nous aimiez assez pour vouloir lui conserver la vie ; mais elle n'ajoûtoit pas, je sçai qu'il ne tient qu'à vous de me rendre mon frere presentement en le ressuscitant, ce qu'elle auroit pourtant dû declarer, si elle eût crû que Jesus-Christ avoit les clefs de la vie & de la mort.

4º. Par ces paroles : Je sçai que mon frere ressuscitera lors de la resurrection au dernier jour, *scio quia resurget in resurrectione in novissimo die*, elle faisoit bien profession de croire l'immortalité de l'ame, la resurrection de la chair, le jugement general, contre les trois erreurs des Hérétiques de son temps ; mais elle n'alloit pas encore jusqu'à confesser la divinité de Jesus-Christ, ni par consequent qu'il pouvoit ressusciter les morts, ce qui neanmoins étoit une verité de l'Evangile que Jesus-Christ annonçoit, un article de foy de son temps, & qui le devoit estre de tous les temps.

Marthe entendit donc ces paroles, vôtre frere ressuscitera de la resurrection generale qui se fera à la fin du monde, *scio quia resurget in novissimo die*, répondit elle

elle : il est vray qu'elles étoient un peu obscures, *verbum ambiguum*, dit saint Chrysostome ; le Sauveur s'étant servi de cette expression par modestie & humilité, plûtôt que de dire, j'irai, & je ressusciterai vôtre frere ; & d'ailleurs desirant donner lieu au merite de la foy de Marthe, dont il vouloit exiger la croyance de son pouvoir, & l'élever à la connoissance de sa Divinité. Sa foy n'étoit pas encore assez forte pour croire que Jesus-Christ pouvoit par lui-même ressusciter des morts, & des morts de quatre jours, ni sa confiance assez parfaite pour esperer que le Sauveur quand il en auroit le pouvoir, voulût l'employer pour ressusciter son frere, ni son amour assez hardi pour oser lui demander cette grace que nul autre n'avoit présumé de lui demander, quoiqu'il l'eût accordée à quelques-uns sans qu'ils la demandassent : *Maria & Martha sorores Lazari*, dit S. Augustin, *quæ Christum frequenter ressuscitasse mortuos viderant, fratrem suum posse ressuscitari penitus non credebant.* Mais le Sauveur pour élever l'esprit de Marthe de plus en plus à la connoissance de ce qu'il étoit, ajouta ces mots, *ego sum resurrectio & vita*, je suis la resurrection & la vie; comme voulant lui dire, loin que je ne puisse pas ressusciter vôtre frere par ma propre vertu, comme vous en doutez, sur tout étant absent, sçachez que c'est moy qui suis l'auteur de la resurrection, que c'est moy qui suis la source de la vie, que c'est moy qui ressuscite, que c'est móy qui vivifie, que je porte en moy le principe de la resurrection & de la vie, *ego sum resurrectio & vita.* En effet, s'il eût eu besoin d'un secours étranger pour lui aider à ressusci-

ter le Lazare, ou tout autre, comment eût il été la refurrection, dit faint Chryfoftome ? *Si enim alio adjutorio
indigeret, quomodo ipfe refurrectio effet?* Et s'il n'eût pû vivifier que prefent, & non abfent, comment eût-il été
la vie? *Si verò ipfe eft vita, non loco circumfcribitur, ubique
exiftens poteft fanare.* En effet, eft-ce que je fuis le Seigneur Dieu de prés, & non de loin? eft ce que je ne
remplis pas le Ciel & la terre, dit le Seigneur Dieu ?
Et par confequent, eft ce que je ne fuis pas prefent
par tout? eft-ce que je ne fuis pas puiffant par tout? De
plus, fçachez que c'eft moy qui reffufcite de la mort
du peché à la vie de la grace, refurrection infiniment
plus difficile & plus precieufe que la refurrection de la
mort corporelle à la vie naturelle : Enfin fçachez que
celuy qui croit en moy d'une foy vive, & qui meurt
en cet état, quoiqu'il meure de la mort corporelle devant les hómes, vivra de la vie fpirituelle devant Dieu,
qui credit in me, etiamfi mortuus fuerit, vivet; parce qu'-
ayant en foy la vie de la grace que je lui ai communi-
quée, quoiqu'il meure exterieurement de la mort naturelle felon la chair, *propter mortem carnis*, dit faint Auguftin, il vivra interieurement de la vie fpirituelle qui
eft la vraye vie, laquelle de fa nature étant immortelle,
durera dans la bienheureufe éternité, *propter vitam
fpiritûs, & immortalitatem refurrectionis*, continuë le même Pere, en attendant qu'à la refurrection generale,
lors de la fin du monde, je le reffufcite felon la chair,
en lui faifant reprendre fon corps pour le rendre par-
ticipant du bonheur de fon ame : car comme le Pere
reffufcite les morts, & les vivifie, ainfi le Fils vivifie

ceux qu'il veut : *Sicut enim Pater suscitat mortuos, & vi-vificat, sic & Filius quos vult vivificat.* Non toutefois que le Pere veüille reffusciter certains morts, & que le Fils en veüille reffusciter d'autres ; *alios ergo Pater, alios Filius ?* Non, dit faint Augustin, parce que là où il n'y a qu'une même puiffance & une même volonté, là il n'y a qu'une mefme operation : *Ac per hoc eadem Patris & Filii poteftas eft & voluntas.* Il avoit dit peu au-paravant, car l'heure vient, & elle eft déja venuë, *quia venit hora, & nunc eft,* que les morts entendront la voix du Fils de Dieu, & que ceux qui l'entendront vivront, *quando mortui audient vocem Filii Dei, & qui au-dierint vivent :* comme on le verra clairement au jour du Jugement, lorfque tous ceux qui font dans les mo-numens entendront la voix du Fils de Dieu, *quia ve-nit hora in qua mnes qui in monumentis funt audient vocem Filii Dei.* Croyez donc que celui qui vous parle peut reffufciter & vivifier, la refurrection qui n'eft qu'un retour à la vie, ou une vie redonnée, marchant dans l'ordre naturel devant la vivification, *ego fum refurre-ctio & vita,* & que je reffufciterai & vivifierai tous ceux qui reffufciteront & qui revivront un jour, *to-tum hoc quod refurgent in animabus & in corporibus, per me erit,* comme parle faint Thomas. Marthe éclairée par une doctrine fi haute crut au Seigneur, qui la lui en-feignoit, & qui lui en fit produire un acte tres-excel-lent, lequel renferme tout, en la faifant acquiefcer à ces fublimes veritez par l'interrogation qu'il lui fit : Croyez vous cela, lui dit-il, pour mettre comme le fceau à cette inftruction, *credis hoc ?* Oüy, Seigneur, répondit-elle, sans plus hesiter ; je crois que vous êtes le Christ le Fils du Dieu vivant, qui êtes venu en ce monde : *Utique, Domine, ego credidi, quia tu es Christus Filius Dei vivi, qui in hunc mundum venisti.* Mais combien sa foy s'accrût elle quand elle vit sortir du tombeau son frere à la voix de Jesus-Christ, & ce divin Sauveur faire par avance à l'égard de Lazare, ce qu'il fera à la fin du monde à l'égard de tout le genre humain ; en un mot operer un miracle non seulement au dessus de tout ce que la nature auroit pû desirer, mais encore au-dessus de tout ce que la foy auroit osé pretendre, dit saint Augustin, & prouver incontestablement par là sa Divinité qu'il lui avoit prêchée : *Ibi verè Christus probatus est Deus, ubi tantum fecit, quantum ausa non est etiam ipsa fides optare.* Et combien Marthe pouvoit-elle dire alors plus que jamais, oüy, Seigneur, j'ai cru, *ego credidi,* & je crois à present plus fermement que je n'ai fait, & que vous êtes la resurrection & la vie, & que celui qui croit en vous d'une foy vive, quoiqu'il meure selon la chair, vivra selon l'esprit, & que vous le ressusciterez au dernier jour, *ego ressuscitabo eum in novissimo die* ; & enfin que celui qui vit, & croit en vous, quoiqu'il quitte son corps, ne mourra jamais, & qu'il vivra dans la bienheureuse éternité : *Credidi quia tu es resurrectio, credidi quia tu es vita, credidi quia qui credit in te, & si moriatur, vivet, & qui vivit & credit in te, non morietur in æternum.* Telle fut la fin de cette admirable instruction, tel fut le fruit de ce céleste entretien, tel en fut le succés heureux. Quelle gloire donc ne fut ce pas encore une fois pour le

Lazare, Madeleine & Marthe, & combien grand fut ce témoignage de la dilection de Jesus-Christ envers cette sainte famille, de ce que ce divin Sauveur voulut la choisir pour y annoncer si clairement le mystere & la foy de la resurrection generale, & y donner par avance un crayon de ce qui se passera dans l'Univers à la fin des siecles, & de ce qui devoit bien-tôt estre prêché & crû dans tout le monde, *diligebat autem Jesus Martham, & sororem ejus Mariam & Lazarum.* Trois autres preuves de la dilection de Jesus-Christ envers ces deux sœurs qui sont autant de prérogatives dont il les distingua, dont il les orna, dont il les enrichit.

Premierement, il voulut que leur maison fût l'image de son Eglise, que deux genres de vie doivent à jamais orer, en recompense de ce que leur maison l'avoit honoré, Marthe figura la vie active, Marie figura la vie contemplative, *laborabat illa, vacabat ista.* Marie demeure au dedans pour attendre le Seigneur, Marthe court au dehors pour recevoir le Seigneur, & toutes deux chacune en sa maniere, remplissent le lieu du parfum, l'une de ses tranquilles meditations, *domus impleta est odore unguenti....* l'autre de ses édifiantes actions, *satagebat circa frequens ministerium.*

Il voulut en second lieu que Marthe representât l'Eglise militante, & Marie l'Eglise triomphante, Quoy de plus glorieux pour ces deux sœurs, *Martha significat Ecclesiam quæ nunc est, Maria significat Ecclesiam quæ tunc erit.* Apprenez donc vous tous capables de penetrer les plus hauts mysteres, vous tous capables de les croire, s'écrie encore le mesme Pere: *Videtis er-*

*go , & magnum aliquid intelligitis , quicumque intelligitis , &
qui non intelligitis.* Apprenez que dans ces deux admi-
rables sœurs , toutes deux aimées du Seigneur , toutes deux aimans le Seigneur , toutes deux disciples du
Seigneur , furent figurées deux sortes de vies , *duas
vitas esse figuratas*; la vie presente & la vie future, l a
vie temporelle & la vie éternelle, *presentem & futu-
ram , temporalem & æternam.*

Troisiémement , il ordonna que l'on prêchat par
tout le monde , où son Evangile seroit prêché , la
sainte dilection que ces deux sœurs avoient eu pour
lui , & la charité singuliere qu'il avoit eu pour elles ;
que par tout où l'on publieroit la charité de Jesus-
Christ envers le genre humain , par tout on publiât la
charité de Madeleine envers Jesus-Christ, *dilexit multum*; il prédit que la chose seroit ainsi, il le promit,
& il le jura : *Amen dico vobis , ubicumque prædicatum fuerit Evangelium istud in universo mundo , & quod fecit hæc
narrabitur in memoriam ejus.* Et dans ce mesme esprit il
voulut qu'on lût à jamais dans son Evangile , qu'a-
prés sa resurrection, il s'étoit premierement apparu à
Madeleine , *apparuit primò Mariæ Magdalenę*, que ce
fut cette fidelle Evangeliste, qui la premiere le vit ressuscité , qui porta la premiere nouvelle de ce grand
mystere aux Apôtres jusqu'alors incredules ; que pour
cette raison elle fût nommée par les Docteurs de son
Eglise l'Apôtre des Apôtres, & que par tout où l'Evangile retentiroit , dit saint Chrysostome , par tout on y
fît retentir que la foy de la resurrection avoit été premierement cruë & annoncée par Madeleine , avec

son zele de la prêcher aux autres, *venit Maria Magdalene annuntians Discipulis quia vidi Dominum,* & que de
cette sorte le Perse & l'Indien, le Scythe & le Thra-
ce, le Sarmate & le Barbare, en un mot que toutes
les Nations de la terre entendissent la voix de Madeleine assurante aux Apôtres, & en leurs personnes
à toutes les Nations de l'Univers, qu'elle avoit vû la
premiere Jesus-Christ triompher de la mort, sortir du
tombeau, & s'être ressuscité lui même, & commen-
cer par-là à annoncer au genre humain la bonne nouvelle de la resurrection du genre humain, dont celle
de Jesus-Christ étoit les prémices, *Persæ, Indi, Scythæ,
Thraces, Sauromatæ ; quique, Mauritaniam, quique insulas
Orcades habitant, magnâ prædicarent voce, &c.*

QUATRIE'ME CONSIDERATION.

S',il est vray, selon le Sage, qu'il vaut mieux aller
dans une maison où l'on pleure, que dans une maison où l'on se réjoüit, parce que la premiere nous fait
souvenir de nos fins dernieres, qu'il nous est si important de mediter, *in illa enim finis cunctorum admonetur
hominum*, & que l'autre nous les fait oublier, entrons
aujourd'huy dans la maison de Lazare, & voyons ce
qui s'y passe.

Premierement, le Sauveur émû de compassion à
la vûë des larmes que les deux sœurs & les Juifs presens versoient, touché sensiblement des calamitez où
le peché, la mort & le demon avoient reduit le genre humain, & aprés avoir témoigné sa douleur, sa

compaſſion & ſon indignation, voulant par la reſur-
reſtion de Lazare donner un crayon & un commen-
cement à nôtre reparation, demanda où l'on avoit
dépoſé le corps du défunt, *ubi poſuiſtis eum.* Arrêtons-
nous un moment icy.

1°. Car en effet, où met-on nos corps quand nous
ſommes decedez ? A peine avons-nous fermé les
yeux, à peine l'ame a-t-elle abandonné ſon domi-
cile, que nous donnons de l'effroy à tout le monde,
à ceux mêmes qui nous aimoient le plus cherement,
qui nous étoient le plus étroitement unis par les liens
de la nature, de l'inclination & de la Religion ; on a
peur d'un cadavre, l'enfant délaiſſe le pere ſi-tôt qu'il
a expiré, l'épouſe le mari, l'ami ſe retire, chacun s'en-
fuit, ſous pretexte d'affliſtion, mais dans la verité par
l'horreur qu'on a d'un mort, *mortem horret non opinio,
ſed natura*; on hâte l'enterrement, on met le défunt
le plûtôt qu'on peut hors de la maiſon, devenue alors
comme inhabitable & deſerte, on le jette dans une
foſſe qu'on a creuſée, on le couvre de terre, on l'a-
bandonne, & l'on s'en va : tel eſt le lieu le plus ho-
norable aprés la mort; car l'on regarde comme une
cruelle inhumanité, de ne pas inhumer les morts & de
les laiſſer ſans ſepulture, & le dernier ſouhait d'un défunt devant eſtre qu'on le couvre de terre aprés ſon
déceds, & qu'on ne le laiſſe pas expoſé aux injures
de l'air, aux outrages des animaux, & à l'horreur des
vivans, offenſez d'un tel objet. O Dieu, quel triſte
avantage eſt celui-ci, ô homme orgueilleux, s'écrie
le Prophete ! que vôtre ſuperbe ſera atterrée, lorſque

vôtre

vôtre cadavre gifant dans le tombeau aura la tigne
pour lit mollet, fur lequel vous ferez couché, & que
pour couverture vous aurez un tiffu de vers : *Detracta
eft ad inferos fuperbia tua, concidit cadaver tuum, fubter te*   *Jer. 14.11.*
fternetur tinea, & operimentum tuum erunt vermes. Apiés
quoy vôtre memoire fera à fon tour enfevelie dans un
noir oubli, *oblivioni datus fum tanquam mortuus.* Voilà où
aboutiffent les grandeurs humaines, & l'abîme d'hu-
miliation où tombe l'homme fuperbe, pour ne plus
s'en relever que quand les Cieux feront ufez à force
de tourner, *donec atteratur cælum non evigilabit nec confur-*
get de loco fuo. Telle eft la premiere reflexion que nous
devons faire à l'occafion de cette parole du Sauveur
demandant où l'on avoit mis le corps du Lazare, *ubi*
pofuiftis eum.

110. En voicy une feconde, prife de la réponfe que
Marthe fit à Jefus-Chrift, Seigneur, luy dit-elle, vous
demandez où l'on a mis le corps du Lazare ? *ubi po-*
fuiftis eum ? venez & voyez, *veni & vide ;* & cela dit,
elle le conduifit au monument de fon frere. Joignons-
nous à leur compagnie, & voyons l'état où le Lazare
fe trouvoit, c'eft-à-dire, la nudité pitoyable où la
mort l'avoit reduit. Confiderons que le Lazare,
d'ailleurs homme riche, & de qualité, comme on le
voit, & par fes maifons, & par les vifites des Juifs, n'a-
voit rien retenu de tous les biens qu'il poffedoit en ce
monde, que le feul fuaire qui l'envelopoit dans le
tombeau, *& facies illius fudario erat ligata,* encore ne le
poffedoit il pas, à proprement parler : comme nous
n'avons rien apporté en ce monde, difoit l'Apôtre,

G

auffi n'en remporterons nous rien, *nihil intulimus in hunc mundum , haud dubium quod nec auferre quid poffumus .* C'eft-à dire que la mort nous enleve tout , nous ôte tout, nous prive de tout , de voir la beauté du Ciel & du Firmament , de la fplendeur du Soleil & des Aftres, des élemens & de ce qu'ils renferment , de la lumiere du jour & du repos de la nuit , fuivant cette prédiction du Prophete, qu'alors le Soleil fe couchera pour nous en plein midy , & que la terre nous deviendra tenebreufe au milieu du jour : *Occidet Sol in meridie , & tenebrefcere faciam terram in die luminis.* De plus la mort nous prive de tout ce que nous poffedons en ce bas monde , de la terre & de la mer , de l'air , de l'eau , du feu , des terres , des climats , des regions, des villes & des maifons, des meubles & des équipages, des poffeffions , des compagnies , & des focietez , du commerce du monde & des affaires du fiecle , des charges & des emplois, de l'or & de l'argent. Le riche quand il s'endormira du fommeil de la mort, difoit le bien-heureux homme Job ,n'emportera rien avec luy de tout ce qu'il poffedoit : *Dives cùm dormierit, nihil fecum auferet;* il ouvrira fes yeux mourans , & il ne trouvera plus rien qui lui appartienne, *aperiet oculos fuos , & nihil inveniet;* il n'y aura plus pour lui de parens , d'amis , de femmes , d'enfans , de ferviteurs , de dignitez , de grandeurs , de titres, de qualitez ni de nobleffe, tout cela lui difparoîtra pour toûjours; c'eft pourquoy l'Ecriture après avoir par tout nommé Roy le faint Prophete David , quand elle vient à parler de fa fin , elle lui ôte la glorieufe quali-

Ofe. 8. 9.

Job 37. 19.

té de Souverain, & dit seulement que les jours de David s'approcherent ausquels il devoit mourir, *appro-*
pinquaverunt autem dies David ut moreretur. L'homme en
ce triste état n'aura plus l'usage de la vûë, ni de l'oüie,
ni de la parole, du marcher, ni du toucher, du boire;
ni du manger, il perd sa famille & ses enfans, & il se
perd dans la triste pensée de ce qu'ils deviendront,
s'ils seront heureux ou malheureux, riches ou pau-
vres, s'ils vivront dans l'éclat ou dans l'ignominie,
sive nobiles fuerint, sive ignobiles, non intelliget; en un mot,
de ce qu'ils seront, & de ce qu'il sera bien-tôt lui-
même, *& anima illius super semetipso lugebit.* Ne portez
point envie à l'homme devenu riche, n'admirez
point sa gloire comme une grande chose, dit le Psal-
miste, *ne timueris cùm dives factus fuerit homo, & cùm mul-*
tiplicata fuerit gloria domûs ejus, parce que lors de sa mort
il n'emportera rien de ces biens passagers, & que cette pretenduë gloire ne descendra point avec lui dans
le tombeau, *quoniam cùm interierit non sumet omnia, neque*
descendet cum eo gloria ejus: sort déplorable où l'homme
se trouve reduit, *miserabilis prorsus infirmitas,* tel qu'il
est venu, tel s'en retourne t il, *quomodo venit, sic re-*
vertetur; il est sorti nud du sein de sa mere, il ren-
trera nud dans le sein de la terre, *nudus egressus sum de*
utero matris meæ, nudus revertar illuc. Il dit un éternel
adieu à ce monde entier, il ne reviendra plus dans la
maison qu'il habitoit, *nec revertetur ultra in domum suam;*
il sera oublié de tout le monde, & il ne se souviendra
plus de personne, semblable à une nuée que le vent
dissipe, il disparoît pour ne plus paroître, *sicut consu-*

G ij

*mitur nubes & pertranfit, nec revertetur ultra in domum fuam,
neque cognofcet amplius locum fuum* ; & l'on peut demander quand une fois la mort l'a depoüillé de tout &
reduit en cendres, où eft-il, & qu'eft il devenu ? *Homo verò cùm nudatus fuerit, atque confumptus, ubi quæfo
eft ?* Combien donc ce grand Roy mourant etonné
de fe voir à fa derniere heure, ordonna-t il fage-
ment qu'on mît un drap mortuaire au haut d'une
lance, & qu'on allât crier par toute la ville, que ce
grand Heros, ce Monarque abfolu de toute l'Afie,
n'emportoit rien avec lui de toute fa gloire, de toutes fes grandeurs, & de tous fes trefors, que le vil
fuaire dont on devoit bien tôt enveloper fon cadavre dans le fepulchre.

C'étoit l'état où fe trouvoit Lazare, & par confequent, à quoy bon tant de foins & de follicitudes
des affaires de ce monde, pourquoy tant d'inquie-
tude de l'avenir, tant d'attachement aux biens de
cette vie ? O penfée falutaire de la mort, combien
avez-vous peuplé de deferts ? combien avez-vous
rempli de Monafteres ? combien avez-vous converti
de pecheurs & animé de Juftes ? C'étoit là le premier
état où la mort avoit reduit Lazare, *& facies ejus fudario erat ligata,* car pour tout le refte il le laiffa.

Voicy le fecond : Le Sauveur ayant demandé où
l'on avoit dépofé le corps du défunt, on lui répondit : Seigneur, venez & voyez. C'étoit un caveau
fermé au-deffus d'une pierre qu'il fallut lever, *erat
autem fpelunca, & lapis fuperpofitus erat ei.* Allons-y en
efprit, & defcendons-y, nous appercevrons un corps

mort étendu de son long, un cadavre difforme, af-
freux, effrayant, horrible, déja infect & puant, *jam*
fœtet, quel spectacle! qui pourroit exprimer icy la dis-
solution du corps humain dans le tombeau? cette
chair qui devient d'abord enflée, puis livide & noire,
qui se resoud ensuite en ordure & en pus, qui flue
de tous côtez une horrible pourriture, une fourmi-
liere de vers qui s'engendrent de cette matiere corrompuë, qui devorent ce malheureux cadavre, & qui
comme à l'envy s'acharnent sur lui pour le ronger
depuis la tête jusqu'aux pieds, & qui pourrissent ensuite eux mêmes. Ecoutons le saint homme Job:
Considerant, disoit-il, le cercueil comme mon do-
micile, où j'avois pour habitans de tels hôtes, j'ay
fait alliance avec eux, j'ay dit à la pourriture, vous
êtes mon pere, & aux vers, vous êtes ma mere & mes
sœurs, *Putredini dixi, pater meus es, mater mea & soror*
mea vermibus; vous êtes devenu mon heritage, & je
suis devenu le vôtre, *putredo & vermis hæreditabunt il-*
lum, cùm enim morietur homo, hæreditabit serpentes, & be-
stias & vermes. O Dieu, quelle alliance! & qu'est devenu ce corps si beau, si brillant, si bien proportion-
né? qu'est devenu cette chair si délicatement nour-
rie, si flatée, si soigneusement entretenuë & si parée?
Hæccine est illa Noemi? Que sont devenus les ossemens
qui soûtenoient cette admirable machine? ils sont
changez en poussiere & en terre. Voilà où aboutis-
sent enfin les projets des plus grands Heros, devant
qui tout le monde a tremblé: *Tune ille es qui conturba-*
bas terram? helas! qu'est-ce que l'homme? Pleurez

G iij

fur un mort, dit le Sage, ca fa lumiere eft éteinte, *fuper mortuum plora, defecit enim lux ejus.* Peut-on être homme, & ne pas déplorer le fort de l'homme, & ne pas imiter Madeleine qui s'en alloit au tombeau pour y pleurer, *quia vadit ad monumentum ut ploret ibi*, & ne pas imiter Jefus-Chrift lui-même qui pleure de compaffion, voyant la mifere où le peché a reduit l'homme creé immortel, qui frémit d'indignation voyant la malice & l'impieté du démon, que la rage porte à eftre, s'il peut, le deftructeur des ouvrages du Créateur, & à qui l'envie a fuggeré d'eftre l'exterminateur de l'homme, *lachrymatus eft Jefus, & infremuit.* Preft à montrer qu'il eft Dieu par un miracle éclatant, il montre qu'il eft homme par fes larmes : il pleure fur la dureté des Juifs prefens, qui confeffent qu'il a rendu la vûë à un aveugle né, & qui aprés une fi grande merveille, loin d'avoir ouvert les yeux de leur ame aux lumieres de la foy, doutent s'il auroit pû empêcher que Lazare ne mourût pas : *Confitentur cum aperuiffe oculos cœci nati, ab eo quoque calumniantur, &'c. dicendo, Non poterat hic qui aperuit oculos cœci nati, facere ut hic non moreretur*, & dont plufieurs d'eux voyans mefme la refurrection de Lazare, parurent n'avoir pas encore de foy par le recit qu'ils en firent à l'affemblée des Juifs, comme fi Jefus-Chrift n'eût été qu'un homme, *quia hic homo multa figna facit;* comme s'ils n'euffent pas vû de leurs yeux la mort obeir à fa voix, *Lazare, veni foras*, & que Lazare n'eût pas forti devant eux du tombeau, tout lié & garotté fans le fecours de perfonne, *& ftatim prodiit qui*

fuerat mortuus ligatus pedes & manus inſtitis. En quoy
l'on doit admirer miracle ſur miracle, dit ſaint Ba-
ſile : *Admirare miraculum in miraculo, pedes inſtitis ligatos*
quaſi nullo obſtaculo ad motum expeditos, quippe roborantis
vis major, quàm impedientis erat. Encore une fois ne
fut-ce pas là un double miracle, & incomparablement plus grand que ſi le Lazare fût ſorti du tombeau ſes liens rompus, ſon ſuaire déchiré, ſes yeux
ouverts, *magis enim hoc fuit, quàm ſi ſolutis vinculis &*
patentibus oculis prodiiſſet, ajoûte ce Saint.

IIIo. Mais voicy le troiſiéme & dernier état de
l'homme dans le tombeau, c'eſt d'eſtre reduit en pouſ-
ſiere, c'eſt de rentrer d'où il étoit ſorti, c'eſt de redeve-
nir ce qu'il avoit été quant au corps ; levons la pierre
d'un mauſolée, ſous lequel depuis pluſieurs années
on ait dépoſé le corps du plus puiſſant Monarque de
l'Univers, *tollite lapidem,* & vous n'y trouverez rien,
vous n'y verrez rien que de la terre, *veni & vide,*
rien qui ne vous faſſe dire avec étonnement : helas !
où eſt-il, & qu'eſt-il devenu ce grand homme ? Vous
y trouverez quelquefois une urne de verre, laquelle
renferme une poignée de cendres, pitoyable reſte
d'un homme illuſtre en ſon temps à la verité, mais
dont à preſent on a oublié le nom, dont on ne parle
plus, dont on ne ſe ſouvient plus, *periit memoria eorum.*
Entrez donc encore une fois dans ces caveaux ſoûter-
rains, dans ces triſtes domiciles de la mort, où l'on a
depuis pluſieurs années enſeveli tant de corps, où re-
gne un ſilence qui fait peur, une nuit affreuſe, & vous
n'y trouverez plus rien ; la ſurface des Cimetieres &

des Temples depuis le temps qu'on y enterre, loin
de s'élever par la multitude des corps qu'on y a
mis, & d'eftre devenus des montagnes, fe font af-
faiflés & s'affaiflent tous les jours, quoyque fans
cefle on y entafle corps fur corps ; que font-ils
donc devenus encore une fois ces grands hommes ?
Et dixi, ubinam funt ? Que fervent ces caveaux feparez
aux familles illuftres, qui pretendent fe diftinguer des
autres, & qui ne renferment qu'un peu de cendre ?
eft-elle d'une efpece plus noble que l'eft la cendre du
plus miferable ? la cendre d'un cedre du Liban eft-elle
plus precieufe que ne l'eft celle d'un fréle rofeau ?
d'ailleurs quelle diminution du corps humain. La
cendre de plufieurs géants, fi vous voulez, pouvant
eftre contenue dans un vafe fi mediocre, qu'il peut
aifément eftre portéàla main. Comment donc l'homme peut-il fe glorifier, *unde fuperbit homo ?* puifqu'il doit
retourner en cendre, *& homo in cinerem revertetur*, li-
fons-nous dans le Livre de Job ; peut-on voir un fym-
bole plus naturel de la vanité & du néant de l'homme,
que la cendre ? La cendre eft une efpece de terre
la plus vile, la plus méprifable & la plus abjecte de
toutes ; il n'eft rien de plus leger que la cendre,
elle eft le joüet du vent, & la balayeure du monde,
elle ne produit rien, elle eft fterile, aride, fans fuc &
fans vertu : plufieurs Philofophes ont crû qu'elle
eftoit le dernier affaiflement de la nature, l'image de
l'inconftance & de l'inftabilité, n'ayant par elle-même ni confiftance, ni forme, ni figure déterminée,
ni aucune affiete folide & permanente : auffi le Seigneur

gneur pour obliger l'homme à estre humble & à ne
pas se perdre par l'orgueil, le menaça dés le com-
mencement, que s'il ne demeuroit soumis à ses or-
dres, il mourroit de mort, rien ne devant l'intimider
davantage, *in quocumque enim die comederis ex eo, morte
morieris.* Cette menace neanmoins ne l'ayant pas con-
tenu dans le devoir, il se vit honteusement chassé du
Paradis terrestre, & on lui apprit en le mettant dehors de ce lieu d'immortalité, que rien ne lui seroit
plus utile pour y rentrer, que le continuel souvenir
de la mort. Mais helas! dit saint Augustin, une si terrible menace n'a pû retenir l'homme de s'enorgueil-
lir; l'Ange à la verité se laissa aller à l'orgueil, mais
du moins il est immortel, & l'homme ne rougit pas
se voyant mortel comme la beste, d'estre orgueilleux comme le demon? *De diabolo debent erubescere
mortales superbi; ille enim etsi superbit, tamen immortalis est,
nec est terra & cinis; vos autem non attenditis, quia mortales estis, & sicut diabolus superbi estis.* Pharaon, ce cœur
endurci, resista à tous les fleaux de la colere du Seigneur, sans vouloir mettre en liberté le peuple de
Dieu; mais quand l'Ange exterminateur etendit sa
main sur les premiers nez de l'Egypte, la crainte le
saisit, & l'obligea de renvoyer les Israelites sur le
champ, & en pleine nuit, *dicentes; omnes moriemur.*
Saül, ce Roy si belliqueux, averti par Samuel qu'il
devoit mourir le lendemain, tomba par terre, & per-
dit la force & le courage, *statimque Saül cecidit & por-
rectus in terram.* Achab, ce Prince impie menacé de
mort par le Prophete Elie, fut saisi de peur, il dé-

H

chira ſes vêtemens, il marcha la tête baiſſée , il ſe
couvrit d'un ſac, il ſe macera par le jeûne, *veſtem
ſcidit, ambulavit demiſſo capite, ad ſaccum & ad jejunium
confugit.* Sardanapale & les Ninivites, quoyque plon-
gez dans un abîme de crimes,à la prédication du Prophete Jonas , qui declaroit que dans quarante jours
leur ville ſeroit détruite, furent ſi épouvantez , que
leRoy deſcendit de ſon thrône,& que tout le peuple,
ſans en excepter les vieillards & les enfans, ſe couvrans de cilices, & ſe proſternans par terre , ordon-
nerent que tout le monde jeûnât, & juſqu'aux animaux même , & firent une penitence toute pleine de
terreurs , *pœnitentiam plenam terroribus egerunt* , criant
tous enſemble : Que ſçavons-nous ſi nous ne mour-
rons pas tous ? *quis ſcit ſi non peribimus?* Antiochus le plus
ſacrilege des hommes, ſe voyant à l'heure de la mort,
jetta des gémiſſemens pitoyables , mais inutiles, *nunc
reminiſcor malorum*, diſoit il, *quæ feci.* Ezechias , quoyque tres pieux, informé par Iſaïe qu'il étoit à la veille
de ſa mort , *diſpone domui tuæ, quia morieris tu, & non vi-
ves*, ſe mit à pleurer comme un enfant , *flevit itaque
Ezechias fletu magno.* Enfin nous voyons par tout que
les Juifs ne revenoient de leurs égaremens , que
quand le Seigneur levoit le bras de ſa juſtice pour
les faire mourir , *cùm occideret eos, quærebant eum.*

CINQUIE'ME CONSIDERATION.

Aprés eſtre allez au monument de Bethanie, *vadit ad monumentum*, avoir fait lever la pierre de deſſus

le sepulchre , *tollite lapidem* , & estre entré en esprit dans le caveau pour y voir la misere où la mort reduit l'homme , *veni & vide* , occupons-nous à present de la resurrection generale, & du jugement dernier que ce grand cri nous figure , *Lazare , veni foras* , Lazare, sortez dehors. Car que pretendoit celuy qui porte en ses mains les clefs de la mort & de l'enfer , *habeo claves mortis & inferni* ; lorsqu'il marcha vers le tombeau du Lazare , sinon de nous donner un crayon de ce qui se fera à la fin du monde, lors qu'à la voix d'un Ange les morts sortiront du tombeau , & par la terreur de ce dernier jour penetrer les cœurs que la crainte de la mort n'auroit pas entamé : *Quid sibi vult quòd Dominus ad monumentum accessit, magnâ voce clamavit, Lazare veni foras?* dit saint Ambroise , *nisi ut futuræ resurrectionis specimen præstaret , exemplum ederet , illius quod scriptum est , quoniam in momento oculi, in novissima tuba surgent incorrupti.*

Aussi rien n'est il plus propre à nous détacher du monde, que la consideration de la fin du monde, laquelle il a plû au Seigneur de nous faire annoncer dans tous les âges du monde, afin qu'ayant comme une chaîne de tradition du dernier jour du jugement, une si importante verité ne s'affoiblît jamais dans le genre humain ; rien ne peut estre plus utile que de bien établir cette doctrine.

1°. A peine sept generations s'étoient-elles écoulés depuis Adam , que l'image du grand jour du Jugement fut publiée aux hommes pour lors abîmez dans le crime & l'oubli de Dieu , & que les menaces

de la mort faites lorſqu'il étoit encore dans le Paradis
& lorſqu'on l'en mit dehors, n'avoient pû contenir
dans le devoir. Ce fut Enoch, ce grand Prophete,
qui pour exciter le genre humain à la penitence,
s'acquitta de cet employ. L'Apôtre ſaint Jude nous a
conſervé un precieux fragment de ce qu'il annonça
pour lors : *Prophetavit autem & de his ſeptimus ab Adam*
Enoch. Voicy le Seigneur, dit-il, qui vient avec des
milliers de ſes Saints, pour juger les impies & les pecheurs : *Ecce venit Dominus, in ſanctis millibus ſuis, fa-*
cere judicium contra omnes impios & peccatores. Il ſemble
que ce merveilleux homme voit deja venir ce juſte
Juge, & avec raiſon, puiſqu'il doit venir lui-meſme
à la fin des ſiecles prêcher de nouveau ce qu'il prêcha
pour lors, ſuivant cette parole de l'Ecriture, qu'E-
noch plût à Dieu, & qu'il fut transferé dans le Paradis pour revenir à la fin du monde prêcher encore
la penitence aux Nations : *Enoch placuit Deo, & trans-*
latus eſt in paradiſum, ut det gentibus pœnitentiam.

2°. Trois ou quatre autres generations aprés Enoch,
toute chair ayant achevé de corrompre ſa voye, on
vit paroître le ſaint Patriarche Noë, qui pour réveiller les hommes de l'horrible aſſoupiſſement où ils
éroient enſevelis, fut averti de Dieu de leûr prêcher
le jugement general qui devoit inceſſamment en-
gloutir tout le genre humain & par là les exciter à la
penitence : *Finis univerſæ carnis venit coram me, delebo*
hominem quem creavi à facie terræ; ego pluam ſuper terram,
quadraginta diebus & quadraginta noctibus. Noë cet hom-
juſte ſe mit tout effrayé à prêcher la penitence, ju-

stitiæ preconem, & à construire l'Arche, *metuens aptavit arcam*, laquelle n'étoit pas une moindre predication que sa parole, mais inutilement. Le monde ne le crut pas, & ne se convertit pas, *& non exoraverunt pro delictis*, & se vit enfin enseveli sous les eaux. Mais afin que les pecheurs fussent toûjours intimidez & par le souvenir du deluge d'eau passé, & par la crainte du deluge de feu avenir, Dieu voulut que l'arc-en-ciel & par sa couleur sombre, & par sa couleur rouge, devint le memorial menaçant & permanent de l'un & de l'autre, jugement dit saint Gregoire: *Unde & in arcu eodem color aquæ & ignis simul ostenditur, quia ex parte est cæruleus, & ex parte rubicundus, ut utriusque judicii testis sit, unius videlicet faciendi, & alterius facti.* Mais helas! nous n'apprenons que trop par l'Evangile que le monde ne sera pas moins incredule & impenitent, quand on lui annoncera le dernier Jugement par le feu, qu'il le fut quand on lui annonça le premier Jugement par l'eau.

30. Quatre ou cinq siecles aprés le deluge, Dieu voulant d'entre les Nations dispersées se choisir un peuple dont Abraham fût le chef, il lui donna la connoissance du dernier Jugement, comme d'une des veritez les plus fondamentales, qu'il devoit conserver & transmettre à toute la posterité. Car l Ecriture nous apprend que ce saint Patriarche au jour solemnel de son alliance avec Dieu, aprés avoir offert un sacrifice mysterieux au Seigneur, tomba sur le soir de ce jour, lors du coucher du Soleil, dans un sommeil profond & extatique, pendant lequel se trouvant tout

enveloppé de tenebres obfcures, il vit comme un four d'où fortoit une fumée épaiffe & noire, & une lampe ardente : *Cùm ergo Sol occumberet, fopor irruit fuper Abraham ; cùm ergo occubuiffet Sol, facta eft caligo tenebrofa, & apparuit clibanus fumans, & lampas ignis ;* ce qui, felon faint Auguftin, figuroit la fin du monde par le feu, & la terreur épouventable du dernier Jugement : *fignificans circa hujus fæculi finem magnam perturbationem & tribulationem, & per ignem judicandos effe carnales : fignificatur in ifto igne dies judicii.* Telle fut la revelation faite à Abraham, & en fa perfonne à tous fes defcendans, Dieu lui ayant dit qu'il ne pouvoit lui rien cacher de fes deffeins, *num celare potero Abraham quæ gefturus fum ?* Sçachant qu'il enfeigneroit & ordonneroit à fa famille, à fes enfans, & à fes defcendans qui viendroient aprés lui, de garder la voye du Seigneur, fon culte, fes veritez, & fa Religion : *Scio enim quòd præcepturus fit filiis fuis, & domui fuæ, poft fe ut cuftodiant viam Domini, & faciant judicium & juftitiam ;* & de fe fouvenir du dernier Jugement dont il venoit de voir la myfterieufe figure, & dont il alloit lui montrer un échantillon dans l'embrafement de Sodome & de Gomorrhe, ce qui fe fit le même jour, comme d'une des plus importantes & effentielles veritez de la Religion dont il l'établiffoit le chef.

4⁹. Le bien-heureux homme Job qui vivoit quelque trois fiecles aprés Abraham, puifqu'on tient que Moïfe à ecrit fon hiftoire, pour confoler & encourager le peuple de Dieu affligé dans le defert, fait affez voir combien cette importante verité étoit repanduë au milieu mesme des tenebres de la Gentilité, comme ses paroles en font foy : Je crois, disoit-il dés lors, je crois que mon Redempteur est vivant, & qu'au dernier jour je sortiray du tombeau, que de nouveau je reprendrai le corps que j'ai, & que revestu de ma chair je verrai mon Seigneur, que je le verrai, dis-je, moi-mesme, & non un autre, & que je le contemplerai de mes propres yeux ; mais helas ! que ferai-je alors, quand le Seigneur, viendra jeger la terre & quand il m'interrogera, & qu'il me demandera compte de ma vie, que lui repondrai je ? *Quid enim faciam cùm surrexerit ad judicandum Deus, & cùm quæsierit, quid respondebo illi ?*

5°. Moïse ce grand Legislateur, & les P atriarches qui le suivirent, inculquent sans cesse cette terrible verité, & en ont toûjours de siecle en siecle confirmé la tradition dans le peuple de Dieu, la representant par tout ou en termes formels ou en figures, ou en mysteres, ou dans leurs Cantiques, ou dans les P seaumes, ou dans les Prophetes ; tout en est plein, & on ne finiroit point là-dessus.

Isaïe assure que le Seigneur est prest à juger les Peuples, & qu'il viendra accompagné des Saints pour faire le jugement, *stat ad judicandum Dominus, & stat ad judicandos populos Dominus, ad judicium veniet cum senibus.*

Daniel voit l'Ancien des jours assis dans son Thrône, environné des Anges & des Saints, il voit le Fils de l'Homme qui descent du Ciel entouré d'une nuée, il voit les Livres ouverts & le jugement der-

nier qui comemnce, & à certe vûë il eſt ſaiſi d'horreur
& d'effroy, *aſpiciebam donec throni poſiti ſunt, & anti-
quus dierum ſedit, & libri aperti ſunt, & ecce cum nubibus
cœli quaſi filius hominis veniebat : horruit ſpiritus meus, ego
Daniel territus ſum in his.*

Malachie, le dernier des Prophetes, termina ainſi
ſa prophetie : Souvenez-vous, dit le Seigneur, ſou-
venez-vous de la Loy que mon ſerviteur Moyſe vous
a donné de ma part ſur le mont Oreb. Voicy que je
vous envoyerai le Prophete Elie avant que le grand
& horrible jour du Jugement arrive : *Ecce ego mittam
vobis Eliam Prophetam, antequam veniat dies Domini, magnus & horribilis.* Ce Prophete reconciliera le cœur des
peres envers leurs enfans, & le cœur des enfans envers leur pere, de peur que je ne vienne & ne frappe
la terre d'anatheme, *ne fortè veniam, & percutiam terram anathemate.*

Que dire du nouveau Teſtament tout rempli des
prédictions & des menaces de ce dernier jour ? Le
Sauveur en parle en pluſieurs endroits, il en décrit
toutes les circonſtances, & tout le formidable
appareil, il en rapporte juſqu'à l'arreſt irrevocable.

Combien les Saints dans la ſuite des ſiecles ſe ſont-
ils occupez de cette importante verité ? combien en
ont-ils été effrayez ? Saint Jerôme & tous ces anciens
Anacoretes vouloient qu'on eût toûjours ce grand
& dernier jour devant les yeux, que le ſon formidable de cette trompette retentît ſans ceſſe à leurs oreil-
les : Levez-vous, morts, venez au jugement : *Sem-
per tuba illa terribilis veſtris perſtrepet auribus, ſurgite mortui,*

tui, venite ad judicium; toutes les fois, difoit ce grand
Saint, que je fonge au jour du Jugement, toutes les
fois je frémis & je tremble par tout le corps, *ferunteum-*
dem fanctum dicere folitum, quoties diem illum confidero, toties
toto corpore contremifco; foit que je mange ou que je boi-
ve, foit que je faffe toute autre chofe, *five enim comedo,*
five bibo, five aliud aliquid facio, j'entends toûjours
cette terrible voix, levez vous morts, venez au Jugement, *femper videtur mihi tuba illa terribilis fonare in*
auribus meis, furgite mortui, venite ad judicium; mais re-
venons aux temps Apoftoliques.

L'Apôtre faint Pierre pour engager les Fidelles à
vivre faintement, & à fe détacher du fiecle prefent, ne
leur prefche rien avec plus de force que le grand &
formidable jour du Seigneur, dans lequel les Cieux
embrafez pafferont avec une épouventable impetuo-
fité, & les Elemens feront confumez par le feu avec
la terre & tous les ornemens qui l'embelliffent, *adve-*
niet autem dies Domini, in quo cœli magno impetu tranfient,
&c. Terra autem & quæ in ipfa funt opera exurentur : cùm
igitur hæc omnia diffolvenda fint, quales oporteat vos effe in
fanctis converfationibus. Saint Paul pour jetter la
frayeur dans l'ame des Impies, & des Idolâtres ne
leur aporte rien de plus terrible que la menace du
dernier jugement : Maintenant, leur difoit ce grand
Apôtre, je vous avertis de la part de Dieu, que tous
les hommes ayent à faire penitence, parce qu'il a
choifi un jour auquel il doit juger l'Univers : *Et nunc*
annuntiat Deus hominibus ut omnes pœnitentiam agant, eo
quòd ftatuit diem in quo judicaturus eft orbem in æquitate.

I

Enfin le Difciple bien-aimé dans fon Apocalypfe, qu'on peut regarder comme la clofture des P rophe- ties du nouveau Peuple, ainfi que Malachie l'a efté de l'ancien, dit dans un raviffement d'efprit, qu'il voit deja le jufte Juge, tant fa venuë eft certaine & pro- chaine; qu'il le voit defcendre du Ciel dans des nuées; que tout œil le verra, & fpecialement ceux qui l'ont tranfpercé, & qu'à cét afpeſt, toutes les Tribus de la terre pleureront fur lui; à quoy il ajoûte comme par une affirmation redoublée, oüi, cela fera ainfi; *Ecce venit cum nubibus, & videbit eum omnis oculus, & qui eum pupugerunt, & plangent fe fuper eum omnes tribus terræ etiam, Amen.* Mais lorfque l'Apôtre dans cette mefme revelation nous a conduit à la fin du monde, il éleve nôtre efprit à un fpectacle merveilleux, di- fant qu'il vit un Ange qui voloit par le milieu du Ciel ayant l'Evangile éternel pour évangelifer tous ceux qui font affis fur la face de la terre, & dans toutes les nations, tribus, & langues & peuples, criant à haute voix, craignez le Seigneur, & rendez-lui l'honneur qui lui eft dû, parce que l'heure de fon jugement eft arrivé : *Et vidi alterum Angelum volantem per medium cœli, habentem Evangelium æternum, ut evangelifaret fe- dentibus fuper terram, & fuper omnem gentem, & tribum, & linguam, & populum, dicens magnâ voce; timete Domi- num, & date illi honorem, quia venit hora judicii ejus.*

F I N.

Table générale des matières contenues dans les trois volumes.

22	... le 1er jour de l'an	
23	... la pêche d'[illegible]	D. Septuages[ime]
24	... le mauvais riche	2e Sem. de Carême
25	... [illegible]	3e D. ap. l'Épiphanie
26	Lépreux paralytique	D. de la [illegible]
27	... le Déluge	
28	... la [illegible]	... de S. Sacrement
29	... les Cœurs humains	2e ... ap. l. Pentecôte
30	... la prédication de J.C.	
31	... Saint Abel	... [illegible]
32	... la Samaritaine	4e D. Carême
33	... la Cananée	2e d.
34	... la Madeleine	18 Pentecôte
35	Prodigue	2 d. Carême
36	... les [illegible]	5 Épiphanie
37	...	6 d.
38	... grand [illegible]	
40	... la Tentation	1er D. Carême
41	... les [illegible] Vierges	
42	... la piscine probatique	V. de [illegible] Carême
43	Résurrection de Lazare	Vend. de [illegible] de Carême

9 782329 431659